Vivre sous la férule du Sida

Combats et itinéraire d'une famille
aux prises avec la maladie

Daniel MILARD

Vivre sous la férule du Sida

Combats et itinéraire d'une famille aux prises avec la maladie

Préfaces de Jean ANSALDI et de Guy SOBESKY

L'Harmattan
5-7, rue de l'École-Polytechnique
75005 Paris

L'Harmattan Inc.
55, rue Saint-Jacques
Montréal (Qc) CANADA
H2Y 1K9

L'Harmattan Hongrie
Hargita u. 3
1026 Budapest
HONGRIE

L'Harmattan Italia
Via Bava, 37
10214 Torino
ITALIE

Nos remerciements vont à ma famille et à tous ceux qui nous ont soutenus de leur sympathie et de leurs prières.
Notre gratitude à Mme Eurénice Fardini-Buffon, son amie d'internat, pour avoir accepté d'être la première confrontée à notre manuscrit.
À Patrick Augustine pour ses suggestions de mise en page.

À mes chers enfants
(Daniel, Marie-Emilie, Agnès et David)

À toi, la meilleure part de moi-même,
dans les yeux de qui j'ai vu
« l'Eternellement Vivant »

Sommaire

Préface
de Jean Ansaldi
(Doyen de la Faculté de Théologie Protestante de Montpellier)

Qui s'aventure à lire le premier chapitre de ce petit ouvrage ne s'arrêtera plus et l'achèvera, entraîné qu'il sera par le rythme des phrases, l'envoûtant entrelacs des mots et des métaphores, les descriptions des paysages et les déclarations d'amour ! L'auteur joue avec la langue française et manifeste une maîtrise du langage qui atteste certes de sa culture, mais plus encore de la sensibilité profonde qui l'habite.

Pourtant l'art ne trouve pas ici sa fin en soi! Il est au service d'un cri, d'un cri strident et modulé qui trahit et traduit tour à tour la mort et la vie, la peine et la joie, la colère et l'amour, le désespoir et l'espérance.

C'est que l'auteur est habité par un Autre!

On peut en effet se demander par quelle alchimie ce qui devait logiquement s'écrire comme une élégie funèbre se transforme en chant d'espérance; ce qui devait inéluctablement se centrer sur l'amer regret du passé à jamais enfoui s'ouvre vers une célébration de la vie; ce qui devait inévitablement déboucher sur la dépression d'un Job en ses premiers chapitres retrouve les accents du Cantique des Cantiques pour chanter la beauté d'une femme, la tendresse de la rencontre conjugale, l'ineffable de l'amour des corps et des cœurs.

Oui, quel est le secret d'une telle transformation qui se donne comme un défi lancé à notre culture occidentale moyenne?

En fait il n'y a pas de secret car l'auteur nous révèle à chaque page la source d'eau fraîche qui étanche sa soif: une Parole étrangère à notre monde, étrangère mais présente à qui veut la recevoir, lui ouvre sans cesse les portes de l'avenir, de son venir, alors même que les événements dramatiques s'acharnaient à les fermer. Cette Parole dont l'auteur est devenu le serviteur, celle du Dieu biblique en sa dimension rédemptrice et créatrice n'a de cesse qu'il n'ait transformé chaque impasse en boulevard de la vie.

J'ai connu Daniel Milard il y a quelques années, alors qu'il m'avait demandé d'accompagner sa recherche doctorale sur les thèmes de la paternité, de la famille et du pouvoir. Malgré les rapprochements qu'implique une direction de thèse, je n'ai alors pu deviner que, derrière ce travail scientifique rigoureux, se tenait un homme qui menait, en communion avec son épouse, une lutte titanesque contre un mal terrifiant: le sida.

En effet, Colette qui était devenue son épouse après avoir été sa condisciple, Colette son seul amour, Colette la mère de ses quatre enfants, avait été atteinte de ce terrible mal lors d'une banale transfusion sanguine faite à l'occasion de la naissance de ses jumeaux. Comble de l'absurdité: ce fléau n'avait pas frappé à l'occasion d'un moment d'égarement, d'infidélité conjugale, mais au cœur même de l'acte qui ajoutait de la vie à la vie. La bêtise humaine, l'irresponsabilité politique et médicale dont on a beaucoup parlé, réussissaient à glisser la mort au creux même de l'élan vital.

L'auteur nous fait assister à ce combat contre l'inéluctable fin. Il nous constitue en témoins des moments de détresse et des instants d'abattements, des gestes de tendresse et des scènes de découragement. Par la magie des mots et la finesse du cœur, il éternise la jeunesse de sa compagne, la beauté de son visage, les trésors de son cœur, la confiance de sa foi qui parvient à la faire tenir debout quand d'autres se seraient couchés dans l'attente de la mort.

Qu'on n'imagine pas toutefois que Daniel Milard reste enfermé dans son drame intérieur: il sait arrêter son récit, interpeller notre culture sur l'accueil de l'enfant, sur la dimension sexuelle de l'amour, sur le PACS et autres dérives qui conduisent à justifier nos contemporains dans leur incapacité à parier sur l'avenir, à s'unir par une parole qui fait lien, à inscrire la sexualité dans une tendresse qui la qualifie comme don. Il sait aussi, au détour d'une page, dire sa colère en ce jubilé de l'abolition de l'esclavage ou face à l'incurie du politique qui n'a pas su prévenir ce scandale que fut la diffusion du sang contaminé.

Mais qu'on ne cherche en tout cela ni haine ni besoin de vengeance! Même quand il parle éthique, Daniel Milard ne se transforme pas en donneur de leçons. Son propos reste dans la discrétion de l'amour car son projet n'est pas de dénoncer mais d'aider à la guérison.

C'est d'ailleurs là que réside la motivation dernière de cet ouvrage. Certes l'écriture lui a d'abord permis d'exprimer puis de dépasser la dépression possible que devait inévitablement provoquer ce désastre. Mais ce moyen d'autoguérison, il a voulu le diffuser pour l'offrir à ceux qui, d'aventure, passeraient sur des chemins comparables afin qu'ils trouvent courage. Même dans l'outrance de l'épreuve, Daniel Milard n'oublie pas qu'il reste pasteur, témoin d'une Parole qui le visite et qui, par son ministère, veut visiter toute personne dans la détresse.

L'une des dernières paroles de l'Apocalypse «Il (Dieu) demeurera avec eux. Ils seront son peuple et Dieu lui-même sera avec eux. Il essuiera toutes larmes de leurs yeux. La mort ne sera plus. Il n'y aura plus ni deuil, ni cri ni souffrance car le monde ancien aura disparu». A sa manière, Daniel Milard salue à l'avance ce Royaume de vie et invite tout homme dans la détresse à regarder vers cet avenir.

Jean Ansaldi
Professeur émérite de théologie systématique
Faculté de théologie protestante de Montpellier
Doyen de la Faculté

Préface
du Dr. Guy Sobesky
Chef de service
au Centre Hospitalier Universitaire de Fort de France

J'avoue avoir beaucoup hésité avant d'accepter de rédiger cette préface. Hésitation renforcée après la lecture de l'ouvrage. J'avais du mal à identifier celui qui était précisément sollicité par l'auteur. Était-ce le médecin militant, engagé dans la lutte contre le S.I.D.A. ? Ce responsable en effet est interpellé à plus d'un titre. D'abord par les conditions de la contamination de Colette au moment symbolique de l'accouchement de jumeaux (et donc de transmission de la vie) par du sang administré comme traitement pour préserver la santé. Comment ne pas dénoncer l'absurdité de la situation et les risques de dérive lorsque la logique du profit prédomine sur la logique sanitaire ? C'est un débat toujours d'actualité...

D'autre part, concernant la responsabilité de chacun, le médecin que je suis, même s'il peut humainement comprendre les motivations de l'auteur, ne peut en aucun cas, accepter l'abstention volontaire de mesures de prévention et de «préservation» de la vie.

Sur un plan plus général et si on apprécie l'ensemble du champ de bataille, après avoir constaté l'importance des dégâts causés par cette épidémie, on doit se réjouir de l'apparition de quelques lueurs d'espoir.

La mise à disposition de médicaments de plus en plus actifs, même s'ils posent des problèmes d'intolérance et hélas de résistance du virus permet d'obtenir des résultats déjà appréciables par la baisse significative de la morbidité et de la mortalité.

Reste beaucoup d'incertitudes dans l'issue de ce combat acharné entre, d'une part ce virus *malin*, capable de muter et donc de se modifier sans cesse pour mieux se défendre contre les médicaments et d'autre part les progrès de la médecine.

Etait-ce le médecin traitant, ce professionnel de santé à qui le patient s'est confié et avec qui il établit une relation privilégiée ? Ce couple médecin/malade chemine en effet dans cette relation plus ou moins bien équilibrée avec, pour tous les deux, même si les enjeux sont différents pour chacun, des moments difficiles, comme à l'annonce du diagnostic. Avec des hauts, quand ça va et que l'affection est contrôlée. Avec des bas quand la maladie évolue et que les complications surviennent.

Quand se profile le bout du chemin, le médecin traitant, accompagne comme il peut son patient en essayant de trouver les mots justes et le moment pour les dire. Et quand il n'y a plus rien à proposer comme traitement, il peut toujours donner un peu plus de lui-même dans cette relation renforcée.

Était-ce le confident dans cette relation humaine privilégiée dépassant la relation médecin/malade. Cette personne avec qui on peut échanger sur un sujet difficile et essentiel ? Lorsqu'une pareille expérience est partagée, se tissent en effet et tout naturellement des liens forts qui se sont vérifiés, pour ce qui me concerne, par l'émotion ressentie à la lecture de ce livre.

Si j'ai finalement accepté d'écrire ces quelques lignes d'introduction à l'ouvrage qui suit, c'est que par delà toutes sortes de considérations, j'ai été sensible (et je suis sûr que d'autres après moi le seront) à cette belle histoire d'un amour confronté à une situation dramatique qui trouve, dans la spiritualité, la force de survivre.

Docteur Guy Sobesky

Chapitre I

Depuis ce jour-là...

Tout à coup le couloir s'anima. Au pas de charge, infirmières, internes, médecins défilèrent. Une noria de blouses blanches se mit en branle. Alors que j'avançais, sans trop savoir pourquoi, une sourde inquiétude me gagnait. J'avançai encore, il me sembla que toute cette agitation se concentrait autour de la chambre où j'avais laissé Colette la veille, encore somnolente sous l'effet de l'anesthésie.

Ma respiration devenait saccadée. J'entendais mon cœur cogner et ruer dans sa loge, au risque même de me briser la poitrine. Passant la tête dans l'embrasure de la porte, je surpris le personnel soignant s'acharnant autour d'instruments, se passant nerveusement des consignes. Déjà on lui appliquait un masque à oxygène sur le visage. Et cette porte que l'on voulait fermer ! Non ! Je voulais voir... Je voulais comprendre... Je voulais savoir... Qu'était-il en train de se passer ?

Depuis ce jour, il m'est impossible de traverser un hôpital sans qu'inconsciemment, cette scène ne me hante. Oh ! j'en ai bien vu d'autres depuis...

Cependant, l'hôpital avec cette odeur caractéristique de détergent, d'alcool, d'éther, de produits de toutes sortes, ce ballet de blouses blanches, ces chariots chargés de pansements et de médicaments, cet univers de la douleur commença à m'être familier à partir de ce 14 Février 1983.

Pour l'heure, je m'étais appuyé contre le mur du couloir afin de permettre aux brancardiers de manœuvrer la civière. Ils se dépêchaient de diriger Colette à toute vitesse vers le service de réanimation par ambulance, puisque la maternité n'en était pas équipée. Il fallait faire vite, vite, très vite. Une crise d'éclampsie, cela ne pardonne pas.

Je vivais le plus affreux des cauchemars. Hier, à la même heure, je venais d'accéder au statut de père. Tout plein de félicité, je ne réalisais pas encore pleinement l'ampleur de l'événement.

On m'avait donné une tenue stérile pour suivre Colette, à ma demande, en salle de travail. Déjà la veille au soir, je l'y avais accompagnée, car elle avait eu quelques contractions. On l'avait alors placée sous monitoring, puis ce fut le calme plat... Dès le matin j'étais donc revenu. Je voulais être présent, vivre jusqu'à la dernière seconde cette première aventure.

Pourquoi le père ne serait-il (en dehors de la reconnaissance légale) que « *celui que la mère désigne* » comme tel ? Comment un homme qui se sait père, peut-il à ce moment si crucial prendre la poudre d'escampette, ou se contenter du simple statut de cohabitant ? Comment peut-il se priver de cette grande joie, de cette légitime fierté et ne pas éprouver un sentiment de tendre reconnaissance envers celle qui est sur le point de lui permettre de s'inscrire en bonne place dans le processus transcendant de la filiation ? La paternité n'est-elle pas un titre, une responsabilité que le père se doit de conquérir, de mériter, et non pas seulement de revendiquer ou d'accepter ? Lors du sacre de la parentalité, il ne s'agit pour le père ni d'être absent (ou au mieux une ombre chinoise), ni de se mettre lui-même la couronne sur la tête. Si la mère a porté la vie en son sein, le père ne devrait-il pas faire en sorte d'éprouver la légitime satisfaction de l'avoir supportée, de l'avoir accompagnée et d'avoir veillé sur elle tout au long du processus ?

Hélas, au dernier instant, la césarienne fut décidée et je dus me tenir à la porte du bloc opératoire. Je ne pouvais rien faire. J'étais réduit à l'impuissance de l'attente. Je n'étais d'aucune aide, et cette angoisse qui déferlait, qui m'enserrait comme dans un étau, me pétrifiait sur place. Mes prières devinrent des litanies, une force irrésistible me tenait figé, debout derrière cette porte.

Enfin, elle s'ouvrit. Le pédiatre passa à deux reprises devant moi, s'arrêtant à chaque passage, juste le temps pour moi d'apercevoir, émergeant de ce petit paquet de toile qu'il tenait précautionneusement dans ses bras, une petite tête toute fripée. Puis il continua, se pressant d'aller placer son précieux fardeau, comme le ferait le félin pour ses petits, à l'abri, au chaud, en couveuse.

J'allais être papa, cela je l'avais su, au cours des dernières vacances, alors que je préparais ma soutenance de maîtrise. Nous avions passé, Colette et moi, l'été à Montpellier. Alors que la manipulatrice faisait glisser sa sonde échographique, fouillant, interrogeant, scrutant ce que pouvait cacher, ce qui devait devenir dans les semaines à venir une montagne, elle s'était tournée vers nous et dans un large sourire nous avait déclaré : « *J'en vois deux* ! » Et pour bien s'assurer que nous comprenions ce qu'elle était en train de nous annoncer, elle avait répété : « *J'en vois deux... Vous attendez des jumeaux, madame !* » Alors, elle avait pris le temps de nous aider à discerner deux petits points, deux petites étoiles qui scintillaient et s'animaient sur l'écran. « *C'était donc ça, nos chers bébés ?* ».

Pour l'instant, je m'apprêtais à prendre ma voiture et à suivre l'ambulance, quand je vis arriver mon père qui était venu lui aussi ce matin là aux nouvelles. Je ne l'avais pas vu de prime abord, absorbé que j'étais par cette préoccupante agitation.

D'un coup d'œil, il saisit la situation, et me regardant il me dit : « *Ne t'inquiète pas, Dieu veille !* ».

Je démarrai en trombe et arrivai dans le sillage de l'ambulance auprès du service de réanimation. Le siège du bâtiment que je commençais à cet instant, devait durer dix interminables jours.

Je ne dormais plus, je ne mangeais plus. Je m'économisais pour vivre ce moment si fugace, si précieux où le service permettait aux rares membres de la famille de venir voir leur malade.

Lors de ma première visite, je la trouvai reliée à toutes sortes d'appareils, le regard vague, les lèvres brûlantes, le corps anéanti. Comme un frêle esquif, elle s'éloignait et sombrait dans l'inconscience. La vie de celle que j'aimais plus que tout au monde se concentrait et s'affichait sur les écrans de contrôle et s'égrenait, fragile, furtive, tremblotante, s'épuisant, se raréfiant, à peine trahie par le bip bip inquiétant du monitoring. Je demeurais là à la regarder, lui tenant la main. Je lui parlais, l'implorais en silence : « *Tiens bon, je t'en prie, tiens bon...* ». N'en pouvant plus, je m'approchais de son oreille et lui chuchotais : « *Ne t'en fais pas, je suis là, accroche toi, il y a deux beaux bébés qui t'attendent* ! ».

Déjà, il fallait partir, je lui caressais le front, lui embrassais les yeux et m'en allais à reculons, hésitant, ne pouvant me résoudre à quitter les lieux.

Je venais tout juste de gravir qu'une toute première station de mon pénible et terrible chemin de croix. À peine débarrassé de mes équipements, il fallait me ruer vers la maternité où ma fille et mon garçon luttaient eux aussi dans leurs petits berceaux de verre. Là encore, je devais endosser la blanche armure avant de pénétrer dans le service de pédiatrie. Il fallait chaque jour refaire le même circuit, ne sachant quelle nouvelle m'attendait à l'arrivée... l'angoisse !

Dans mon cœur, c'était la tempête, la désolation. Sa vie ne tenait plus qu'à un fil, un fil ténu d'espoir. Je ne pouvais admettre que la porte de la vie me soit fermée, claquée au nez au seuil de l'existence. Je me refusais à entrevoir cet avenir brisé, seul avec deux nouveau-nés, ou alors si Colette en réchappait, elle toute seule, comment allions-nous rebâtir sur tant de souffrances et d'espoirs déçus ? Comment espérer danser à nouveau sur un champ de ruines ? Comment le supporterait-elle, elle qui pendant ces sept mois et demi s'était habituée à leur turbulente compagnie ?

Je me pris à haïr le chant des oiseaux qui voletaient et se poursuivaient bruyamment dans le parc. La pelouse me paraissait trop belle, la brise trop caressante. Cette vue imprenable sur la baie des Flamands, l'une des merveilleuses toiles du plus grand des peintres et qui me manque tant lorsque je suis loin du pays, semblait en ce jour me narguer dans son étincelante beauté. Elle posait, m'aveuglait sans ménagement de ses scintillements et de son innocence d'argent.

Les fiers pitons du Carbet ruisselant de verdure qui dentelaient l'arrière-pays de leur pointe dressée, érigés en sentinelle du nord de l'île semblaient aujourd'hui me tenir en respect en me présentant leurs crocs acérés découpant les nuages.

Des fenêtres ouvertes et des portières des voitures, le tube de la saison lancé à toute volée et tout fraîchement dédouané par la formation *Chougar Combo* qui s'époumonait, éclatait et sans me laisser de répit, venait me heurter de sa chaude haleine, Oh *Lèlène chérie* ! Je me mis à déverser des imprécations sur ce soleil qui sans aucun égard, apparemment insensible à ma peine, ne daignait même pas baisser le regard mais lançait sans cligner de l'œil, ses dards de feu les plus rayonnants, ceux du mois de la liesse, ceux du mois de la fête, ceux du mois du carnaval de Fort de France, dont les flux et les reflux d'allégresse me parvenaient jusqu'à cette esplanade. Il battait son plein. Cette marée humaine se déhanchait, virevoltait, s'arc-boutait et le grondement de ces voix unanimes planait au-dessus de la ville. Et ce serpent bondissant, tressautant, aux mille pieds, allait dans peu de temps me barrer la route si je ne me dépêchais de rentrer.

Chapitre II

Quand le ver se niche au cœur de la papaye

S'il faut un suivi médical strict au cours de la grossesse, surtout lorsqu'il s'agit de la première et de surcroît d'une grossesse gémellaire, pourquoi vouloir que les femmes accouchent selon des rythmes et des cadences conformes aux plannings préétablis qui souvent ne sont que trop soumis et n'obéissent que trop à une notion un peu nébuleuse, celle *d'intérêt du service* ! Au point de vouloir accélérer un processus naturel, celui du travail sourd, patient, têtu de la nature.

Jusque-là, tout s'était bien passé, une grossesse menée sans anicroche et puis voilà qu'après une injection de produits, on avait ouvert la boîte de Pandore, on avait tout déclenché : poussées de tension, accélération du rythme cardiaque, contractions, etc.

La septicémie s'était déclarée. Apparemment, la partie était rude pour l'équipe soignante. Plus de 40° de fièvre, le sang qui ne coagule plus, les transfusions qui se succèdent..., les poumons atteints, le pouls galopant, les reins bloqués, des hématomes sur tous les membres... Dans un état semi-conscient, Colette tentait d'échapper à la lente dérive du délire.

Je voulais savoir. Les réponses réservées et prudentes du personnel, lui aussi dans l'expectative quand à l'évolution de la situation, qui se voulaient apaisantes, ne faisaient que me stresser davantage. J'interrogeai donc le chef de service qui, devant ma mine déterminée me dit et cela devait me suffire : « *Ici, croyez-moi monsieur, nous faisons tout ce que nous pouvons pour votre épouse, mais nous ne sommes pas le bon Dieu !* ».

Celui-ci, devait me raconter Colette plus tard, pestait contre « *ces gens qui lui amenaient des malades dans un pareil état...* »

Que s'était-il donc passé ? Je ne le saurai jamais très précisément. Nous étions un mercredi soir. Je savais ce qui me restait à faire. J'étais alors, en même tant que j'enseignais, responsable d'une église au sud de l'île. Je me rendis donc à la réunion de prière et les quelques membres présents ce soir-là, intercédèrent avec ferveur. Je rentrai chez moi et passai le reste de cette nuit sans sommeil en prières.

Le lendemain, après cinq jours de tourmente, Colette parvenait enfin à tenir des propos plus cohérents et les symptômes morbides commençaient à régresser. Quand je demandais aux infirmières : « *À quelle heure a-t-elle commencé à aller mieux ?* », cela coïncidait étrangement avec l'heure de la réunion de prière...

J'ai tenu pendant ces dix jours un cahier. Je sais où il est, mais depuis maintenant près de seize ans, je ne l'ai jamais rouvert. J'y ai déchargé une telle douleur que je n'ai jamais eu la force de le feuilleter à nouveau. Là-dedans, j'ai dit des choses au bon Dieu... Depuis, bien qu'ayant essuyé d'autres tempêtes, je crois avoir été un peu injuste envers lui.

Le corps médical dans son ensemble fut bien heureux d'observer le retour progressif à la santé de Colette. L'issue fatale de cette toxémie gravidique semblait avoir été évitée *in extremis*. Le vaisseau qui avait manqué périr corps et biens, grâce à Dieu, pourrait espérer rentrer au port avec sa prise de guerre et son équipage. Le personnel soignant n'avait que ces mots à la bouche : « *Vous avez eu beaucoup de chance, madame ! Vous avez vu le petit Jésus* ! ».

Sous ce mot « *chance* », se cachait pudiquement leur conviction qu'un véritable miracle s'était produit. J'en étais le premier convaincu quand j'appris que le même mois il y avait deux autres parturientes qui tentaient, elles aussi, de mener à terme des grossesses gémellaires. L'une de ces dames est décédée des suites de ses couches, l'autre n'a pu sauver qu'un des jumeaux.

J'étais donc papa, mais à quel prix. J'y tenais, à ce sourire, à ce clin d'œil de la Providence et j'étais résolu plus que jamais à veiller sur cet amour, sur ces vies données et redonnées.

Après encore quinze jours passés à l'hôpital, puis un mois de convalescence chez mes parents, nous pûmes enfin rentrer à la maison.

Enfin, nous avions avec nous nos deux enfants. Ma fille avait dû rester quelques jours de plus en couveuse. Je rentrai donc avec elle et le soir mon père qui revenait de réunion, vint comme il le faisait depuis peu, prendre un instant son petit-fils dans ses bras. Profitant d'un moment de distraction de sa part, nous enlevions le garçon et placions la fille à sa place et le papy sans s'apercevoir de rien continuait à louer les vertus de son petit-fils jusqu'à ce que nous abrégions la farce en lui mettant l'autre bébé dans les bras !

Oui ! plus que jamais nous étions persuadés que la Providence qui nous nous réunissait et à nouveau voulait se montrer clémente.

Tout, désormais, prenait un sens plus profond, plus dense. La frontière, la limite entre nos mains pleines et le néant avait été trop ténue, presqu'imperceptible. Chaque minute désormais ne pourrait être vécue qu'avec plus d'intensité, avec la même attention portée à un chapelet que l'on égrène avec recueillement en prenant bien soin d'en faire glisser précautionneusement chaque élément, le roulant, le pressant, le retenant, précieusement, lentement entre des doigts avides, inquisiteurs, circonspects et reconnaissants. La vie, pour nous, ne pourrait pas être mâchée gloutonnement, avalée goulûment, déchirée de droit, gaspillée sans que nous en retenions toutes les saveurs, toutes les essences mais elle serait appréciée, mastiquée lentement, précieusement comme chacune des bouchées d'un naufragé dans un canot de survie, afin qu'en soient extraits tous les sucs, toutes les subtiles fragrances, afin que tous les sens cachés en soient expurgés.

Kierkegaard ne disait-il pas que nous n'entrons vraiment dans une relation que lorsque nous l'avons perdue et retrouvée ?

Nous étions au creux de la déchirure, prêts à regarder la vie avec les yeux écarquillés du gracié, de celui pour qui se dévoile l'existence.

Chapitre III

Coup de Trafalgar sur un océan d'amour

Ce qui nous a soutenus, Colette et moi à travers cette première grande tempête, c'est l'assurance que la vie du chrétien, quels que soient les ingrédients dont elle est composée, ne doit rien au hasard mais qu'il y a une main bien visible pour ceux qui veulent la voir, qui conduit, accompagne et concoure à toutes choses. Ne prête-t-on pas à Einstein le mot selon lequel le hasard serait le nom que prendrait Dieu quand il lui prend de vouloir rester anonyme…

Colette et moi, nous nous sommes connus sur les bancs de l'école. Nous étions dans le même établissement, en classe de troisième puis dans la même classe jusqu'à la terminale. Nous avons donc eu tout loisir de nous observer, de nous apprécier et de nous attacher l'un à l'autre.

En classe de première, nous nous sommes permis d'échanger quelques mots de correspondance, puis cet échange a duré pendant nos études universitaires et cela est devenu une habitude particulièrement exquise, puisqu'il n'était pas rare que par la suite, Madame reçût de Monsieur du courrier par la poste pour poursuivre ce qui était devenu un jeu délicieux et pas seulement lors des anniversaires !

J'ai promis à mes enfants qu'ils auraient accès à cette littérature, précieusement gardée, à l'âge de leur majorité, mais devant leur yeux pétillants de convoitise, je me suis empressé de leur dire qu'il y aurait certainement une clause restrictive : accès total à tout le courrier, mais uniquement celui traitant de la pluie et du beau temps ! Ce qui a soulevé de leur part de vives protestations.

Nous nous étions promis de réussir au baccalauréat. Nous fûmes les deux à être reçus avec mention, dès le premier tour. Elle avait seize ans et moi dix-sept.

Il fallait maintenant choisir une université. Nous étions intéressés par les mêmes filières. Aussi avons-nous décidé de jouer la complémentarité, elle ferait littérature et psychologie et moi philosophie et psychologie. Nous étions follement amoureux l'un de l'autre mais assez raisonnables, aussi avons-nous décidé d'être chacun dans un centre d'études différent. Je lui ai conseillé Montpellier parce que le climat y est très clément et moi pas trop loin, tout de même, à Toulouse et puisque nous voulions réussir nos études, régime de *faveur*, presque de rigueur ! Deux visites par an : une à Noël et une autre en fin d'année universitaire.

« *Ce qui se construit vite se détruit vite* », écrivait Spinoza et pour moi comme pour Pablo Neruda, *je t'aime* signifiait *Je t'aime afin de commencer à t'aimer.*

Rainer Maria Rilke, dans ses *Lettres à un jeune poète* décrit bien ce que peut être cette période de gestation et de gestion du sentiment amoureux :

> « L'amour ce n'est pas dès l'abord se donner, s'unir à un autre (que serait l'union de deux êtres encore imprécis, inachevés, dépendants ?). L'amour, c'est l'occasion unique de mûrir, de prendre forme, de devenir soi-même un monde pour l'amour de l'être aimé. C'est une haute exigence, une ambition sans limite, qui fait de celui qui aime, un élu qu'appelle le large. Dans l'amour, quand il se présente, ce n'est que l'obligation de travailler à eux-mêmes que les êtres jeunes devraient voir. Se perdre dans un autre, se donner à un autre, toutes les façons de s'unir ne sont pas

encore pour eux. Il leur faut d'abord thésauriser longtemps, accumuler beaucoup. Le don de soi-même est un achèvement.... »

Ainsi que j'aime à le souligner, lorsque j'anime des stages pour les jeunes, et comme je ne manque pas de le rappeler à mes enfants, il faut autant que possible rester maître du jeu de la vie et avoir des objectifs de départ pour parvenir à un résultat. Ce principe est valable pour tous, mais à plus forte raison, pour ceux qui proviennent d'un milieu modeste et qui veulent vraiment s'en sortir et réaliser de leur vie quelque chose de beau, quelque chose à offrir.

Après avoir obtenu nos licences nous sommes rentrés enseigner dans le même lycée. Elle n'avait pas vingt ans et tous les deux, nous enseignions à des élèves plus âgés que nous en classe de terminale.

À la fin de mon service national que j'effectuai comme volontaire à l'Aide Technique dans l'enseignement, le rêve que nous avions bâti pendant tant d'années, ce bonheur qui nous incendiait, put se réaliser et se concrétiser par la promesse solennelle que nous nous étions déjà faite de ne plus jamais nous quitter, de ne plus jamais nous séparer et avec l'aide de Dieu, de nous aimer toujours.

Commença alors une vie que nos rêves les plus hardis ne pouvaient même pas nous laisser entrevoir. Pouvoir tout vivre ensemble, tout partager, au-delà de l'écriture, au-delà des mots : nos minutes, nos émerveillements, nos prières, jusqu'à nos souffles... Ce bonheur, cette passion vécue à cœur, à corps que veux-tu, nous a accompagnée et nous unit encore aujourd'hui par delà l'absence, car l'amour est plus fort que la mort.

Un bonheur que nos mains déjà chargées pouvaient avec peine contenir. Il nous semblait que pour nous tout seuls, le bon Dieu avait inventé une nouvelle lune, encore plus douce, encore plus belle, de nouvelles étoiles, un soleil tout neuf. Il m'avait donné une compagne dont la beauté n'avait d'égale que celle des gazelles, des tourterelles fières et farouches, des coursiers qu'aucun homme n'a encore domptés et qu'il faut apprivoiser. À ce jeu-là on ne sait pas toujours d'ailleurs qui est dompté et qui est dompteur, à ce jeu nouveau, précurseur de l'harmonie et de l'entente des amants complices, nouveaux aventuriers de l'amour.

Son charme lui venait, comme pour beaucoup de filles de notre pays, de ce sang mêlé au confluent de grands-mères l'une indienne et l'autre créole et de grand-père l'un africain et l'autre européen. Ses yeux en amande m'invitaient toujours irrésistiblement à voguer vers des espaces infinis, vers de somptueuses rives. Ceux-ci pouvaient tour à tour se faire tendres, malicieux ou réprobateurs. Une petite fille qu'elle gardait parfois pour rendre service, alors qu'elle était étudiante, lui demanda un jour de sa petite voix câline : *Tu es égyptienne, Madame ?*

Par notre amour nous faisions la révolution, entrions en dissidence. Nous avions l'impression de changer la face du monde, de le rendre plus beau, meilleur. C'est ce bonheur qui nous conduisit par la suite à ne pas supporter les couples malheureux, les familles déchirées et à organiser des séminaires à leur intention.

C'est au sein de cet océan de bonheur sur lequel nous commencions à peine à naviguer que nous tomba dessus sans crier gare ce fameux coup de Trafalgar.

Après avoir écopé, nous pensions être des loups de mer parés pour la croisière. Mais pour la première fois nous eûmes peur en nous rendant compte que notre rêve de bonheur, même soutenu par le plus puissant, le plus passionné et le plus authentique amour, pouvait être balayé en un instant par l'adversité.

Chapitre IV

Des ancres dans la tempête

Nous voulions vivre et que notre vie serve à quelque chose. Pour nous qui avions eu le privilège de faire les études que nous souhaitions, il nous semblait qu'il fallait tendre la main à ceux qui n'avaient pas eu la possibilité d'avoir accès à certaines connaissances.

J'avais un métier passionnant, faire découvrir la philosophie et étudier les textes de la littérature française et antillaise avec mes élèves, tenir des séminaires pour les jeunes et les familles ainsi que des conférences bibliques. À cette période je fus invité à assumer les responsabilités de chef d'établissement avec le concours et le support d'une équipe de collègues efficaces et compréhensifs.

Les jumeaux se développaient à merveille, ils couraient dans toute la maison et réclamaient beaucoup de surveillance. Je m'apercevais en rentrant à la maison que Colette avait largement gagné sa journée.

Quand je pense à ma mère, à Colette et à toutes ces femmes qui n'ont pas jugé dévalorisant de consacrer ne serait-ce qu'une partie de leur vie à l'éducation de leurs enfants, j'admire leur courage. Je n'ai jamais supporté qu'on dénigre le travail de la femme qui choisit de s'occuper de son foyer, de ses enfants.

L'aboutissement des justes revendications féministes ne devrait être ni la fuite de la femme hors de son foyer sous la pression de modèles socio-économiques dévalorisants, pour singer l'homme et prouver qu'elle est autant que lui capable (alors qu'elle gagnerait tant, ainsi que l'autre part de l'humanité, en mettant en œuvre les potentialités de sa merveilleuse et respectable différence), ni le ravalement des femmes à une fonction physiologique, instrumentale, rivée à la domesticité sous la pression inverse des pesanteurs sociologiques, mais bien la liberté de choisir son mode d'investissement et de réalisation dans le respect de son être propre.

Les milieux religieux devraient porter sur cette question un éclairage tout à fait original. Loin de prendre la question de la parité homme-femme avec des pincettes ou de s'engouffrer tête baissée dans le sillage des locomotives qui mènent le train, il faut cependant assumer toute l'ampleur du message biblique et chrétien qui assigne à la femme la pleine égalité, car ce sont tous les deux, nous dit le texte, qui forment l'humanité, donc l'image de Dieu. Égalité au plan ontologique qui ne dissout pas la réalité de la différence existentielle, ô combien symbolique, nécessaire et enrichissante, lourde de sens qui ne saurait être réduite à rien, évacuée sans léser, sans dévaluer le sens même de la création du couple humain.

De fait, leur mission en ce monde s'éclaire de façon singulière, chacun devant marquer de son empreinte, dans le respect de ce qu'il est fondamentalement, le réel et s'y inscrire.

Ainsi, Daniel Cohn Bendit à qui on ne peut faire à priori le reproche d'antiféminisme et que l'on aurait du mal à caser dans les rangs du conservatisme, lui qui se proclame libéral-libertaire, affirmait tout récemment dans une interview au journal *Le Monde* « *les femmes qui font de la politique ne doivent pas devenir des hommes quand elles en font* ».

Égaux en valeur mais différents pour pouvoir se chercher dans leur besoin de complémentarité éprouvé au cœur de leur égale souffrance et de leur similaire expérience du manque qui pointe, alors que la rencontre leur échappe toujours et par là même les met en route au-delà d'eux-mêmes vers un Autre, par delà l'un et l'autre.

Aussi m'est-il arrivé, lorsqu'il fallait fournir certains documents administratifs où l'on demandait de remplir les rubriques suivantes á propos de mon épouse :

Profession –Travaille –Ne travaille pas, d'ajouter malicieusement : Profession : *mère de famille* !, travaille : *à l'intérieur* !, ne travaille pas : *à l'extérieur !*

J'étais intransigeant là-dessus, il fallait qu'elle se reposât, qu'elle passât à autre chose, qu'elle s'accordât des plages de décompression dans la journée. Souvent, quand je revenais à la maison, nous placions nos précieux trésors dans des « kangourous » et allions marcher près de la plage ou sur la jetée qui n'était pas très loin de chez nous. Le bercement de nos pas, les embruns de la mer et l'air tiède du soir les faisaient s'endormir presque aussitôt.

Aujourd'hui la puériculture n'a plus beaucoup de secrets pour moi. J'étais de soirée, et malgré ma bonne volonté, je dois confesser qu'au début, plus d'une fois, j'ai vu partir les biberons en fumée. Pas de doute ils étaient stérilisés, mieux, ils s'étaient volatilisés !

Le clou, c'était quand les jumeaux se mettaient à réclamer leur nourriture en même temps… un désastre ! Malheur à soi si tout le dispositif n'avait pas été préparé à l'avance. Des piaillements voraces vous obligeaient à hâter la manœuvre !

Il n'était pas rare que Colette ou moi-même prenions les enfants, un sur chaque jambe et un biberon à chaque main, ceci pour contenter l'appétit simultané de nos deux chers oisillons ; nous appelions cela : *la double carburation* ou la *stéréo* !

De temps à autre, Colette jetait un œil interrogateur sur mes préparations. Je la rassurais en lui disant de ne pas s'inquiéter, que c'était une préparation spéciale, dynamisante qui sortait certes de l'ordinaire... mais qui était très nourrissante !

Elle scrutait alors la moue des enfants, cependant que je les suppliais dans mon for intérieur de manifester de l'enthousiasme, de l'ardeur et de se montrer fins gourmets !

Ma note ne se confinait pas au *assez bien, peut mieux faire* ; je me *tapais* tout de même des *bien* et même des *très bien.* La preuve, les enfants sont encore bien vivants !

Le plus affolant c'était quand les enfants décidaient de me suivre en rampant ou à quatre pattes. J'avait fait fabriquer un parc spécial démontable, le triple d'un parc normal.

Nos conceptions en matière d'éducation s'opposent au fait de réduire la liberté d'investigation des jeunes enfants. Il leur faut des limites, des repères certes, mais pas des freins à leur développement, à leurs tentatives d'exploration du réel, de leur environnement. Il n'y a rien de plus attristant que de voir des enfants que l'on croirait en cage.

Mais ce que nous devions apprendre en plus de nos passionnantes théories, c'était que l'enfant ne se développe pas seulement en fonction d'un bon environnement matériel mais que ce qui est vital pour lui, comme pour les adultes d'ailleurs, c'est la relation, le contact physique, les nourritures affectives, ce besoin de proximité et de communication, puissant facteur d'attachement. C'est pour cela que l'enfant vous suit. Ce n'est pas pour vous embêter, c'est pour vous manifester son attachement : il tient à vous, il dépend de vous, quelle confiance !

Nous avions suivi des cours de psychologie, fait des stages mais rien ne remplaçait cette mise en situation particulièrement intense qu'était l'éducation de nos jumeaux.

Il m'est arrivé de devoir corriger des copies et en même temps de vouloir les apaiser de ma présence, vision on ne peut plus contradictoire du monde... Je me suis retrouvé bien souvent à l'intérieur du parc et eux à l'extérieur ! Moi, pour sauvegarder le produit de la réflexion de mes élèves et eux, calmés parce que furetant en dehors du parc, réjouis d'avoir momentanément atteint leur objectif.

Colette voulait que la maison fût celle des enfants, aussi il n'y avait rien de fragile, de précieux qui pût déclencher les terribles *Ne touche pas ! Dépose ça !* Cela rendait la maison plus facile à tenir. Sitôt le jeu, l'activité achevés, au fur et à mesure qu'ils furent en mesure de le saisir, ils apprirent que cela faisait partie du jeu de ranger et de nettoyer.

Je m'aperçus et quelques membres de notre entourage à l'œil perspicace également, que Colette était rayonnante, pétulante de santé. L'explosion de vie qui animait à nouveau son corps devait nous conduire une fois de plus à une joyeuse et patiente attente où le cri déchirerait le silence, où le jour triompherait de la nuit et où ce qui n'était pas, adviendrait à la vie.

Dés le départ, nous savions que nous formerions une famille, une vraie. Pas celle imposée par les contingences de la seule planification économique, avec comme finalité l'enfant unique qui protège la carrière ou la famille *pampers*, petite bourgeoise.

Nous voulions si c'était possible une famille où l'on pourrait rire, s'amuser, jouer à cache-cache, où les échanges pourraient se nouer, se dénouer en farandoles.

Nos études, nos lectures nous avaient poussées à comprendre qu'il y a des lois qui régissent tous les aspects de notre existence. Il devait y en avoir certainement qui présidaient à l'organisation de notre environnement, de notre système familial et qui gouvernaient donc les rapports harmonieux dans une fratrie.

L'enfant unique, nous le refusions. La famille *pampers* ne nous satisfaisait pas (à cause de la potentialité de la rivalité). Trois enfants, cela commençait à aller (une relation triangulaire serait plus confortable), mais quatre serait un bonheur, surtout si la nature se montrait bonne fée... Deux garçons, deux filles, ce serait parfait. Était-ce quelque part, le conditionnement de nos familles respectives ? J'étais le cadet d'une famille de quatre enfants, trois garçons et une fille. Colette, elle, était la dernière d'une famille de quatre enfants : deux garçons et deux filles.

Nous étions toujours amusés quand les gens nous regardaient, et nous pouvions les entendre penser : *tout ça d'enfants* ! Nous étions prêts à répondre *tout ça par rapport à quoi* ?.

Nous avions beaucoup d'amour à partager et à donner, et nous étions prêts à en assumer les joies et les petits inconvénients.

Le fruit devenait mûr, tout se passa à merveille. Dans la salle de travail, Colette, le corps torturé, se battait courageusement pour sa délivrance. Alors que je me penchais vers elle, lui répétant comme pour mieux les lui traduire, les injonctions de la sage-femme, je me rappelai ce qui m'avait toujours paru étrange. Était-ce là encore un conditionnement culturel ou est-ce inscrit dans la nature ? Le fait que la première fois, alors qu'elle croyait qu'elle accoucherait normalement et que cela s'était soldé par une césarienne, l'avait laissée avec une désagréable sensation d'inachèvement.

C'est terrible, ce besoin qu'a l'être humain d'être acteur et non spectateur de son destin et de vouloir présider sans procuration aux actes les plus significatifs de sa vie. Elle avait ressenti comme une frustration. Comme si on lui avait dérobé quelque chose qui lui appartenait, un peu de cette richesse, de cette plénitude de la joie de la mise au monde.

Oh non, elle n'était certainement pas adepte de l'éloge de la douleur. Elle ne se sentait rien à expier ou à conquérir par la douleur, mais simplement, elle avait l'impression désagréable de ne pas être allée jusqu'au bout de quelque chose ou d'elle-même...

Cette fois, elle se battait pour notre deuxième petite fille et personne ne lui ravirait quoi que se soit, non ! Elle en sortait épuisée, mais transfigurée par le bonheur exaltant de sentir cette petite bouche mordiller sa chair, se nourrir de son lait, se blottir dans sa chaleur.

Au-delà de la fébrilité, de l'exaltation et de l'excitation ou de l'abattement parfois, du *post-partum*, n'y a-t-il pas une réelle et intense jubilation, que certaines mères manifestent par un sourire béat, d'autres par un discours prolixe et intarissable ? Faut-il ainsi entendre ce cri qui explose dans le livre de la Genèse ? C'est le cri de victoire et de fierté de la première mère, celle de tous les vivants : « *J'ai fait un être avec l'aide de l'Éternel* » ?

Chapitre V

Je serai tes yeux…

Alors qu'elle était en pleine euphorie et qu'elle savourait l'exploit d'être allée jusqu'au bout du combat pour la vie, notre ciel une nouvelle fois, commença à s'obscurcir.

Nous revenions de faire des courses en ville, le soleil s'enfouissait dans son terrier pourpre et rougeoyait à l'horizon. Il allait bientôt faire nuit ; quand brusquement elle me dit avoir mal aux yeux. Mettant cela sur le compte de l'après-midi trépidante, je lui proposai de rentrer de suite pour prendre un peu de repos.

Le lendemain, au réveil, je la sentis un peu préoccupée. Je lui demandai alors si tout allait bien. Elle me répondit en hésitant : « *J'ai l'impression de voir trouble de l'œil gauche* ». Elle se plaça devant la grande glace de la chambre, ferma un œil puis l'autre

– « *J'ai encore mal à la tête* ».

– « *Allons voir l'ophtalmologiste cet après midi* », lui conseillai-je.

Le praticien examina l'œil, conclut à une probable inflammation et prescrivit un traitement à base de corticoïdes.

Au lieu de l'amélioration escomptée, deux jours après, elle ne voyait pas seulement trouble, elle ne voyait plus du tout de cet œil et l'autre semblait se brouiller à son tour.

Je tentai comme je le pus de la rassurer pendant que je prenais un rendez-vous d'urgence chez un autre praticien. L'auscultation se fit dans le plus profond silence.

Le médecin me parut ennuyé. Il commença à poser un certain nombre de questions en rapport avec ses activités, il s'enquit de la façon dont s'étaient déroulées les dernières couches. Le jeune âge de mon épouse ne lui permettait pas d'envisager une pathologie courante, c'était grave. Colette me dit par la suite avoir remarqué qu'il avait du mal à avaler sa salive. Perplexe, il lui demanda de se préparer à entrer le soir même à l'hôpital.

La valse des examens commença ; le week-end s'annonçait et toujours aucun diagnostic définitif. Nous ne savions quoi penser. Était-ce dû aux suites de l'accouchement, à l'allaitement ? Les médecins étaient certains d'une chose, ce cas était surprenant et inquiétant.

Le dimanche matin le téléphone sonna à la maison. J'étais en train de tout préparer pour me libérer afin de venir au plus tôt à l'hôpital. J'entendis alors sa voix toute faible dans le combiné : « *Dany...* » et elle prit du temps à me dire la suite. Généralement quand elle m'appelle « *Dany* », c'est qu'elle a quelque chose d'important à me dire. J'aurais beaucoup donné pour ne pas entendre la suite. « *Je crois que je suis aveugle maintenant, je ne vois rien du tout...* ». Après un moment de silence je lui dit : « *Écoute, ne t'affole pas, demande à la personne qui t'a amenée près du téléphone de te raccompagner à ton lit, j'arrive tout de suite* ».

La douleur, celle qui ne devrait plus guère me lâcher et qui me suivrait comme un chien souffreteux, me glaça de la tête aux pieds. Elle ne me voyait pas, c'était évident, mais elle m'avait entendu arriver et elle levait les deux bras pour s'accrocher à moi. Où étaient passés son regard si malicieux, ces deux puits de tendresse dans lesquels se reflétait tout l'amour du monde ? Qu'il était horrible d'assister impuissant à ses vains efforts pour me voir, pour me regarder, pour me deviner, pour s'arracher aux ténèbres, mais elle ne voyait plus rien. Elle avait désormais le regard éteint, celui des aveugles.

Je l'accompagnai avec angoisse à des consultations qui ne faisaient que renforcer mes craintes. Le médecin prit l'orange qui était sur la tablette, la fit passer à hauteur de ses yeux. Elle ne distinguait ni les formes, ni les couleurs. Il prit une torche, la braqua sur ses pupilles qui demeurèrent fixes.

Un jour, une collègue vint lui rendre visite. Sa chambre individuelle était illuminée de soleil et dominait la lagune et l'aéroport qui déroulait sa piste au loin. C'était il est vrai, une belle journée et la visiteuse ne put réprimer cette exclamation ni s'empêcher de s'écrier involontairement : « *Qu'est-ce que c'est beau d'ici !* » Mais Colette était prisonnière de l'obscurité, emmurée par les ténèbres et ne pouvait rien voir de ce spectacle de lumière.

Le corps médical se perdait en conjectures. Le rapport qui m'a été remis montre aujourd'hui les hypothèses formulées sans qu'une explication concluante ait été trouvée. La seule chose qu'il pouvait me dire, ne voulant ni m'enfoncer, ni me décourager après qu'il eût fait venir un spécialiste de la métropole, en vue d'examiner une série de cas très compliqués, c'est que si jamais, si éventuellement..., il devrait y avoir une évolution, il ne faudrait pas s'attendre à ce qu'elle pût un jour voir grand-chose.

J'étais omniprésent dans l'hôpital. Le corps médical, le personnel avait fini par s'habituer à ma présence et affichait une tolérance indulgente. Il n'était pas rare de m'y trouver avant les heures de visites, lui apportant un petit panier ou alors, en train de la coiffer ou de veiller sur son repos.

Rien ne me courrouçait davantage qu'un poli « *Si vous voulez bien nous laisser un instant ?* », pour quelques soins pour lesquels je ne voyais nullement la raison de mon éloignement. Il faut reconnaître que dans l'ensemble les choses ont considérablement évolué en milieu hospitalier et que la prise en charge des malades et de leurs proches a beaucoup progressé.

Elle voulait savoir comment je me débrouillais avec les enfants, quel vêtement je portais, m'indiquant où elle avait placé tel ou tel article dans la maison, au cas où j'en aurais besoin.

Après quinze jours, elle sortit de l'hôpital, elle ne voyait pas, mais déjà elle parvenait à distinguer le jour de la nuit. Ce qui lui faisait le plus de peine, c'était qu'elle ne pourrait apparemment pas revoir les traits du visage de sa dernière petite fille.

Je priais et demandais à Dieu de nous donner une chance. Sur ce, une parente qui était venue nous voir et qui se désolait de la situation fut étonnée et moi également de m'entendre lui rétorquer : « *Viendra un jour où, je le crois, Colette verra et où elle n'aura pas besoin de lunettes comme toi et moi-même* ».

Colette me déclara longtemps après, qu'elle m'avait trouvé « *bien téméraire* ».

Arrivés à la maison je lui dis que nous devions nous organiser autrement : elle aurait besoin de quelqu'un pour l'aider, et en tout cas j'étais bien décidé à arrêter certaines de mes activités » à savoir, en plus de mes cours, des séminaires dans les églises à raison de deux interventions de trois soirs par semaine.

Le lendemain, elle me dit : « *Dany, ne modifie rien à ton programme* », ce qu'elle me répéta durant toute sa maladie.

– « *Et comment allons-nous faire ça ?* »

– « *Je viendrai avec toi* », me répondit-elle.

Là, j'en eus le souffle coupé. Elle aimait être avec moi, partout où j'allais elle était de la partie. Nous étions habitués à vivre vraiment ensemble et à nous dédouaner de la pesanteur de certaines convenances, mais de là à surmonter son handicap pour continuer à être auprès de moi ! Cela me fit chaud au cœur et me réconforta de voir son courage.

– « *Tu crois, me demanda-t-elle, que je ne vais plus jamais revoir ?* »

Surpris par la question, je ne répondis pas aussitôt, mais lui rappelai que Dieu ne laisse pas tomber les siens. Puis la serrant dans mes bras et la tenant tout contre moi, je l'assurai, que mes yeux étaient les siens et que tant que je vivrais, je serais à ses côtés pour la conduire et la protéger.

Je la trouvai peu après qui cherchait à tâtons les vêtements des enfants et qui les habillait, je l'aidai tout en l'observant. Je m'aperçus qu'elle avait la mémoire de tous les vêtements et de leur rangement et que rien qu'au toucher, elle se repérait et savait ensuite comment les assembler pour en accoutrer les enfants. Quant à la cuisine, dans les semaines qui suivirent, elle m'offrit les plus belles peurs de ma vie. Quand je trouvais le repas préparé et que je lui demandais comment elle y était parvenue, elle me répondait heureuse et fière : « *Mais quand même chéri, tout le monde sait faire la différence entre un concombre et une courgette !* ». Bien qu'inquiet je la laissais faire, la grondant pour la forme, puisque cela l'aidait à assumer la situation.

C'est à cette époque que je fis l'acquisition d'un fourgon et l'aménageai en camping-car avec réserve d'eau et couchettes. Ainsi le week-end, lorsque nous visitions les églises du Nord, elle avait toutes les commodités pour s'occuper des enfants, les changer et se reposer.

Le rituel était le suivant, j'allais garer tout près de l'église, je la conduisais à une place, je tenais la réunion, puis nous rentrions. Certains jours de congé nous campions dans la région.

Au bout d'un an, elle voyait suffisamment, grâce à Dieu, pour être autonome. Contrairement au pronostic médical plus que réservé, au bout de deux ans, il n'y paraissait plus grand chose. Elle s'adonna à la couture, passa son permis de conduire et pouvait même lire à distance les plaques minéralogiques bien mieux que moi !

Chapitre VI

L'insoutenable diagnostic

Quelques mois plus tard, cette épreuve passée, elle se sentit mal de nouveau. Elle avait une sorte d'engourdissement et perdait l'équilibre.

Admise une fois de plus à l'hôpital, elle n'allait vraiment pas très bien. Cette étrange paralysie, l'empêchait même de déglutir.

Un soir, alors que j'étais auprès d'elle, le chef de service, un homme avenant, me fit demander dans son bureau. Il me mit immédiatement à l'aise et par toutes sortes de circonlocutions, avec force précautions me fit comprendre que la situation était grave. Cela, je l'avais déjà compris. Mais ce qui me surprit et m'inquiéta, ce fut lorsqu'il commença à me poser certaines questions telles que : « *Vous voyagez souvent ? Vous avez voyagé récemment aux États-Unis, en Amérique du Sud ? À Porto-Rico ? En Haïti ?* »

Et puis avec moult précautions et beaucoup de tact, il me demanda si j'avais eu récemment des aventures extra-conjugales, même une ?

Pendant que le médecin me posait ces différentes questions, je me rappelais une visite pastorale que j'avais été amené à faire auprès d'une dame dont les nombreux enfants de pères différents laissaient entrevoir ses difficultés à entendre les règles de la fidélité. Et, comme souvent dans ces occasions, Colette m'accompagnait. Cette dame m'avait demandé pourquoi ma femme et moi ne portions pas d'alliance.

Je lui avais expliqué nos raisons, tout en pensant que si la fidélité se limitait au port de l'alliance, d'après ce que je voyais et d'après le but de ma visite ce n'était guère convaincant. Je lui avais signalé avec une pointe d'humour que puisque je n'étais pas un *pigeon voyageur*, il n'était pas nécessaire que je sois bagué !

En effet, il nous semblait que l'alliance (*Berit*) contractée par notre promesse échangée bien avant ce oui prononcé à l'état civil, intégrait quelque chose de transcendant devant lequel notre liberté à chacun abdiquait et nous rendait débiteur l'un de l'autre, alliés et débordants de reconnaissance pour le fait d'être liés par notre promesse.

Si le signe tangible de l'union, de l'alliance, peut parfois faire partie de certaines convenances sociales, il me semble qu'il faille surtout que ces valeurs soient visibles au-delà de ce signe qui en fait, surtout aujourd'hui, n'indique pas grand-chose de la réalité de l'unité où de la fidélité dans le couple. Il peut tout au plus receler une forte charge sentimentale, affective, ce qui n'est tout de même pas rien. Cependant, mon respect envers toute femme doit être le même qu'elle ait ou non une alliance au doigt. Elle m'avait répondu, à ma stupeur, qu'elle ne me croyait pas et que je n'allais pas lui faire croire que je n'avais qu'une femme dans ma vie et que je pusse m'en contenter.

Je lui avais fait remarquer que c'était parce que j'aimais les femmes que je n'aimais que ma femme. Elle m'avait regardé perplexe et j'avais ajouté : « *Ma femme que voilà a l'art de se métamorphoser en plusieurs femmes, tantôt coiffée de telle manière, vêtue de telle autre, tantôt professeur, tantôt chanteuse, tantôt pâtissière etc. et ceci à l'infini* » et qu'ainsi on pouvait réécrire les contes orientaux des Mille et Une Nuits… Mon sourire lui montrait qu'elle s'était bien fait avoir ! Et j'avais conclu en ces termes : « *Je doute qu'un homme (en l'occurrence, le malheureux et pathétique Don Juan) qui prétend 'aimer' plusieurs femmes puissent en réalité en aimer aucune...* »

Sa tenue un peu équivoque, le cliquetis de son apparat, laissaient comprendre qu'elle pouvait aisément mettre en place l'artillerie lourde ou lancer de foudroyantes charges de cavalerie à défaut d'arguments !

Alors, commençant à comprendre avec de profondes réticences, me refusant à ce qu'il voulait me dire, je racontai rapidement au médecin comment nous nous étions connu et que nous étions encore presque des gamins lorsque nous nous étions liés, et que, depuis mon départ de chez mes parents, j'avais mené une vie plutôt spartiate, voir monacale en tant qu'étudiant et qu'après, m'étant marié, la seule chose que je ne m'étais jamais permis de faire dans le dos de ma femme, c'était l'aider à remonter sa fermeture-éclair !

Le médecin répondit à ma boutade par un sourire, puis il me regarda avec des yeux empreints d'une réelle peine et me dit finalement ce que je ne m'attendais pas à entendre et que je ne pouvais croire : que l'on avait décelé des traces du virus HIV (appelé à l'époque LAV) et que l'hypothèse la plus probable retenue était la contamination lors des transfusions à l'occasion de son passage en réanimation. « *Les tests ont été pratiqués, vous n'êtes pas atteint, vos enfants non plus* ».

Il m'expliqua alors le risque mortel que présentait cette infection et que tous les symptômes et les différentes maladies qu'avait développés mon épouse étaient certainement liés à cette contamination et qu'au demeurant, bien qu'étant obligé de me poser les questions d'usage, il savait que j'avais des principes. Il y avait des personnes dans le service qui me connaissaient et qui lui avaient parlé de moi et je pouvais compter sur ses conseils et son assistance.

Je serrai les dents et sortis de son bureau ravagé par cette terrible nouvelle. C'était comme si la foudre était tombée à mes pieds.

Pensez donc ! En 1985 j'avais entendu parler du sida par la presse. Mais c'était pour moi quelque chose de lointain dont on était vaguement informé au détour de quelques actualités au journal télévisé. Pour moi, comme pour beaucoup de gens à ce moment-là, le sida était la maladie des « *populations à risques* », des homosexuels, des drogués et des débauchés en tous genres.

Cela arrangeait tout le monde à l'époque que cela soit ainsi. Alors, la société pouvait désigner ses maudits, les damnés de la terre, les *camés* et les autres, ceux sur qui pouvait dans un discours auto-justificateur, se décharger sans trop y regarder la bonne conscience, la bonne morale. À défaut de bien gérer et de pouvoir circonscrire la maladie on pouvait pointer un doigt réprobateur, créant l'illusion d'une frontière sécurisante et protectrice entre les bons et les mauvais, les bonnes gens et les infâmes.

L'opinion estimait que ces personnes n'avaient que ce « *qu'elles avaient cherché* ». Même si ces comportements n'étaient pas acceptables pour certains, comment penser que ces malades au choix de vie singulier avaient pu choisir ce qui leur arrivait ?

Personne ne mérite de souffrir parce que personne, à moins de conduites pathologiques, ne désire sciemment ce genre de fin. Personne ne mérite de souffrir même s'il endure les retombées logiques et tragiques de ce que l'on peut estimer être ses égarements.

Je pensais : *Les gens biens, les gens qui ne découchent pas ne sont pas concernés. Là, il y a quelque chose qui ne tourne pas rond. De surcroît, étant un croyant engagé, je respecte la morale conjugale, j'aime ma femme, je ne l'ai jamais trompée, ce dont je suis fier, alors qu'est-ce que nous venons faire là dedans, dans cette galère, dans cette sale histoire, dans ce 'fichu merdier' ? Je rêve ou quoi ?*

Le monde entier à dû entendre ce cri inarticulé qui dans ces occasions, dans ces situations limites vous traverse, vous dilate, vous déchire, vous ébranle, vous explose le corps, vous brûle les poumons et qui, pourtant, vous laisse muet, éteint, sidéré... ce n'était pas possible, séropositive !

Lorsque l'on rêve, on peut faire d'affreux cauchemars dont il est toujours possible de s'évader ; on peut, bien que péniblement, échapper au virtuel, on en est alors quitte pour une grosse frayeur mais, quand la réalité dépasse la fiction, quand il n'y a plus d'au-delà du rêve, quand il n'y a pas de sursaut, pas de réveil à espérer...

J'étais en train de me cogner au quatre murs de ma stupeur quand quelqu'un dans le couloir me tira par le bras. C'était un infirmier du service, un de nos anciens camarades de classe.

– « *Tu sais, tu es au courant maintenant ?* » me demanda-t-il en me regardant, l'air très embêté.

– « *Oui* », lui fis-je de la tête.

– « *Alors, il t'a dit aussi de faire attention à toi ?* »

Je hochais la tête.

– « *Tu es un copain, je ne te cache pas que c'est grave...* »

– « *Mais il vont tenter quelque chose ?* »

– « *On ne sais pas comment la tirer de là. Il n'y a pas grand chose que l'on puisse faire.* »

– « *Écoute, je t'en prie... Notre patron, il a téléphoné à votre médecin de famille et je l'ai entendu lui dire qu'elle était foutue !*

et quand il dit ça... quand le patron se prononce comme cela sur un cas c'est pas bon... c'est pas bon du tout ! »

Je ne pouvais en supporter davantage.

– « *Tu as une petite fille* » lui dis-je, « *n'est-ce pas ? Quel âge a-t-elle ? Eh bien, l'année prochaine à la date de son anniversaire, Colette et moi nous serons chez toi si Dieu le veut et nous fêterons cela* ».

Il me serra la main. (Que Dieu m'entende...)

Le plus dur maintenant était de retourner vers la chambre de Colette. J'ouvris la porte précautionneusement, souhaitant la trouver endormie et en profiter pour m'éclipser jusqu'au lendemain.

Je m'approchai du lit et ne pouvant m'en empêcher, au risque de la réveiller, je lui caressai les cheveux. Elle ouvrit les yeux, ils étaient noyés de tristesse, je lui dis en l'embrassant : « *Ce n'est pas grave, on va lutter !* » Elle me regarda et me dit : « *Contre quoi pourras-tu lutter cette fois ?* »

– « *En effet, il semble que c'est grave...* », je la regardai intensément.

– « *Tu sais, il sont venus me voir et ont commencé à me poser toutes sortes de questions, ils m'ont même demandé si je t'avais déjà trompé* ».

Elle en était toute bouleversée. Nous avons trouvé tout de même la force de sourire et je lui ai dit pour la taquiner que si elle l'avait fait, je l'aurais su parce que le bout de son nez serait devenu tout rouge !

Il était trop tôt pour tirer une quelconque conclusion, nous étions submergés par la brutale irruption de cette nouvelle, en même temps que je savais intact mon désir de me battre. Je n'allais pas laisser quoi que ce fût briser notre amour, il était « *plus fort que la mort* ».

Chapitre VII

Condamnés à errer dans le ghetto du sida

Quelques jours plus tard, voyant que son état de santé n'évoluait pas et que la médecine, à l'époque, n'avait rien à proposer de décisif, je décidai de la faire sortir de l'hôpital. Le chef de service m'avait bien proposé de l'envoyer en métropole, il voulait bien faire quelque chose mais, au fond, il ne me cachait pas que l'on était démuni face à la situation et que, même à Paris, il n'y avait rien de plus à mettre en place. Je savais que Colette supportait très mal les hospitalisations, d'autant plus qu'à ce moment, cette maladie, n'étant pas très bien maîtrisée, provoquait l'angoisse, tant chez les malades que chez les soignants.

Déjà le fait d'être une « *patiente* » était pénible en soi. Le terme, bien qu'il se rattache au « *pathos* » des grecs (souffrir, endurer) terme qui indique, tout d'abord, un comportement actif, a malheureusement trop souvent été pris dans son sens passif, le malade devenant le corps : objet de la médecine, taillable et instrumentalisable à merci.

Une approche beaucoup plus apaisée et maîtrisée aujourd'hui, permet de mieux concilier la sécurité du personnel et la dignité du malade et de dédramatiser autant que faire se peut la situation. La médecine fait également l'effort d'être davantage à l'écoute, non seulement du corps malade, mais de la personne souffrante.

Le personnel pénétrait ganté, harnaché comme des scaphandriers, c'étaient chaque fois les grandes manœuvres de décontamination, comme aux temps des grandes épidémies, de la peste et du choléra. Tout ce qui avait été en contact avec elle, qui avait gravité dans son périmètre, dans sa zone interdite devait être ostensiblement jeté ou passé par le feu purificateur.

Déjà, elle n'était plus tout à fait quelqu'un, mais cette chose dangereuse dont il fallait se prémunir, se préserver. De facto, elle se trouvait exclue du monde des vivants, on lui avait soigneusement, poliment, médicalement organisé son ghetto.

Je sentais que ce qu'elle redoutait par-dessus tout était d'être loin des enfants et loin de moi. S'il y avait eu un espoir sérieux, n'importe où, je me serais déplacé pour trouver une solution, mais il n'y en avait pas. Il était urgent pour moi de la soustraire à ce rituel hospitalier déprimant, à cette mise en scène macabre et angoissante, à cette mise en consigne, à cette mise en quarantaine dont on ne voyait pas la fin.

Si je la prenais avec moi, elle échapperait au moins à cette pénible atmosphère et retrouverait sa dignité d'être humain, elle ne serait qu'une malade entourée de l'affection des siens.

Elle ne tenait toujours pas debout, aussi je la pris dans mes bras, la couchai dans ma voiture et rentrai à la maison en demandant à Dieu de nous faire grâce.

Puisqu'aucun médicament ne pouvait lui être administré, nous résolûmes de poursuivre, plus que jamais, une hygiène de vie aussi saine, naturelle et équilibrée que possible. Je l'emmenais chaque matin tôt à la plage pour la faire marcher, en la soutenant, dans l'eau de mer, je lui amenais tous les fruits que je pouvais trouver, petit à petit son état s'améliora.

Je m'occupais d'elle, tentant d'éliminer tout ce qui pourrait lui rappeler l'hôpital et ses contraintes.

Un jour cependant, elle me dit :

– « *Dany... écoute, je sais tout ce que tu fais pour moi, tu m'as beaucoup donné, j'ai été heureuse, je n'ai pas le droit de gâcher ta vie et de te rendre pour toujours malheureux* ».

Je ne comprenais pas trop où elle voulait en venir...

– « *Tu sais, ce qui m'arrive n'est pas de ma faute et encore moins de la tienne, alors il ne faut pas t'acharner à vouloir rester avec moi. Tu sais... tant que je tiendrai le coup, je pourrai m'occuper des enfants, mais toi, pars, laisse-moi avant qu'il ne soit trop tard...* »

Trop tard ? Qui pouvait dire l'heure qu'il était ? Je la saisis par les épaules, je lui pris le visage entre mes mains, scrutant son regard, m'y éternisant comme si je ne devais jamais plus la revoir.

D'habitude, c'est dans ce regard que se reflétait toute ma joie de vivre, une extrême tendresse dans laquelle je puisais force et énergie et, c'est dans ces yeux que je lisais plus que je n'entendais sa voix me dire dans un soupir avant de s'endormir : « *j'aime comme tu m'aimes* ».

Je vis en cet instant ses prunelles s'animer d'une lueur étrange de lucidité et de souffrance. Elle voulut parler encore mais je l'embrassai si passionnément, comme pour éteindre la brûlure de ses paroles, qu'elle ne put rien ajouter. Pourquoi ses lèvres venaient-elles d'exprimer une telle détresse ? Je souffrais de lire tant de douleur et de sentir son cœur oppressé flirter avec la désespérance, avec l'abandon.

– *Qu'est-ce qui te fait dire des choses pareilles, qu'est-ce qui t'arrive ? Tu deviens folle ? Tant qu'on sera ensemble, on se battra ensemble et si on doit crever, ce sera debout et ensemble.*

Écoute, maintenant c'est trop tard. À l'école tu n'aurais pas dû me laisser te regarder, tu n'aurais jamais dû me donner ton premier baiser, tu n'aurais pas dû me laisser t'épouser, tu n'aurais pas dû porter mes enfants. Maintenant c'est trop tard.

Je la tenais contre moi, prisonnière, je ne la lâchais pas.

– *Tu n'aurais pas dû me rendre si heureux, maintenant c'est trop tard, lui répétais-je. Tu n'aurais pas dû me redonner naissance lorsque mon regard a croisé le tien pour la première fois.*

Trop tard pour rendre les armes et, jamais, je ne la laisserais se saborder : Que faire ? Comme une mangouste dans son repaire, nous étions pris au piège. Aucune solution n'était viable, elles menaient toutes à l'impasse. Soit nous en finissions tous, tout de suite, nous arrêterions ainsi les frais, ou alors à la grâce de Dieu ! Son aide et la force de notre amour devraient nous aider à combattre ensemble. C'était la mort ou la vie, mais ensemble. Seul Dieu, après tout, en déciderait.

– *« Tu sais », comme aimait à le dire un de mes professeurs puisant dans sa connaissance de la stratégie militaire : « La meilleure des défenses c'est l'attaque ! », surtout lorsque la situation n'est pas brillante.*

Je lui fis promettre devant Dieu que jamais plus elle ne penserait à une telle solution et qu'elle se battrait de toutes ses forces pour vivre et être heureuse.

– *« Écoute : tu te rappelles mes paroles quand je t'ai demandé de partager ma vie pour toujours ? Alors, si tu t'en souviens répète-les moi !*

– *Tu m'as dit que tu m'aimerais au point que personne ne pourrait m'aimer plus que toi !*

– *Eh bien,* lui dis-je, *c'est encore ce que j'ose te proposer maintenant. J'aimerais tellement que tu te sentes, emmitouflée, enveloppée de mon amour comme d'un manteau bien chaud par une triste nuit d'hiver.*

Tu sais, tout ce qui nous arrive n'est pas le fruit du hasard, il y un dessein que nous ne comprenons pas, il y a un Dieu qui ne nous a pas abandonné. Il est aussi réel que le bonheur que tu me donnes, en vivant près de moi. Ce bonheur ne peut exister tout seul. S'il existe, Dieu existe, l'équation peut paraître simple mais c'est la seule qui confère un peu de raison, de logique à tout ce que nous sommes en train de vivre ».

Comment expliquer que tant de bonheur partagé, tant d'amour donné et redonné, déversé jusqu'à plus soif puisse venir simplement s'échouer et mourir sur le rivage du néant ?

Cette absurdité, « *naître vivre et mourir* » était déjà un scandale pour les Anciens. Aussi expressives que puissent être certaines chansons telles que : « *Avec le temps, tout s'en va...* » chanté par Léo Férré ou « *les feuilles mortes...* ». interprété par Yves Montant qui marquent l'irréversibilité, la fuite du temps et l'amour perdu, *Panta reï*, « *tout coule* », je ne pouvais me laisser bercer par ces beaux et tristes refrains.

Je me rappelais alors, la parole reprise différemment dans les Évangiles, selon laquelle on ne peut voir Dieu qu'au travers de son semblable. « *Si vous l'avez fait à l'un de ces petits, c'est à moi que vous l'avez fait* » ou « *Comment peut-on prétendre aimer Dieu sans aimer son frère ?* ». En effet, Dieu n'est perceptible que par le biais de médiations humaines. Le bonheur, un être tendrement aimé, ne peuvent être que des signes annonciateurs du paradis, de la présence de Dieu.

C'est ce que je signalais dans la dédicace de ma thèse de doctorat : « *À mes enfants, pour leur grande patience et à ma femme Colette dans les yeux de qui je vois l'Éternellement Présent.* »

Alors pourquoi le mal, pourquoi faut-il que le vers vienne se nicher au cœur de la papaye ? Nombreux sont ceux qui se posent la question, en ce bas monde. Cependant, ce à quoi j'assiste, même après le plus fort des cyclones, c'est à la résurrection, à la réapparition de la nature, à la renaissance de la fleur.

Je pris du bouquet que je venais de lui apporter un œillet aux éclats purpurins et le plaçai dans ses cheveux d'un noir de jais.

St. Exupery disait : « *C'est le temps passé pour ta rose qui fait ta rose si importante* ».

– « *Si tu savais combien tu éclaires et comme tu embellis ma vie... Tu m'es si précieuse, mais toi tu es en train de me donner non seulement de ton temps, mais ta vie.*

– *Si tu le veux bien,* lui dis-je, *nous allons reprendre la vie là où elle veut nous abandonner. Tu as des projets, moi aussi. Nous allons les poursuivre comme si de rien n'était. Nous allons vivre. Il y a les enfants à faire grandir, ils ont besoin de nous. Nous voulons poursuivre tous les deux nos études et servir comme missionnaires, alors c'est ce que nous allons faire ensemble, jamais je ne t'abandonnerai... nous allons vivre chaque jour que Dieu nous donne de vivre et ensemble* ».

Il n'était pas évident de se confier, même à des amis, à l'époque. Le poids du fardeau écrasant eût été trop lourd à porter pour eux. Ce n'est pas que nous sous-estimions la qualité de leur amitié, loin de là. Il s'agissait plutôt d'une politesse qui nous empêchait de perturber leur propre vie, leur quotidien. Nous voulions apporter plutôt du bonheur que de la tristesse et du désespoir.

Personnellement, je ne me suis confié qu'à mon père, en lui recommandant de ne rien dire à ma mère, je ne voulais pas lui faire de la peine. Quant à Colette, son père ne jouissant pas d'une santé parfaite, nous n'avons pas voulu ajouter à ses soucis et avons été très allusifs.

Le sida, s'il continue à faire peur aujourd'hui, était la peste, la lèpre de ces années quatre-vingt. Combien ont perdu leur emploi, relégués dans les arrières-boutiques, exilés au bas des listes de promotion professionnelle, poussés vers la porte ? Combien ont perdu leurs amis, leur partenaire ?

Un sidéen se retrouvait, comme les lépreux des temps bibliques, condamné à la réclusion, à l'exclusion. Certains on même été chassés à coups de pierres dans les rues de certains quartiers. Nombre d'entre eux perdaient leur boulot, d'autres étaient subtilement déclassés professionnellement ou habilement dirigés vers des voies de garage.

Ce phénomène de rejet ne jouait pas seulement dans les classes populaires. Même en haut lieu, il y eut des tentatives de projets de loi visant à l'exclusion. Il était même question, à un moment, de ne pas laisser entrer sur le territoire de tel ou tel État des personnes atteintes du sida, ou alors de créer des centres de soins (plutôt des centres de détention - on se croyait revenu aux temps et aux pratiques si bien décrits par M. Foucault dans ses ouvrages) à l'intention de ces malades, pour raison de santé publique (ou de salut public !). La polémique fut de courte durée puisque la décision fut prise, de préférence, de mettre à la disposition de certains hôpitaux régionaux, des lits pour ces malades. Les idées les plus folles couraient sur la maladie.

Dans cette ambiance où soufflait et on le comprend aisément, un tel vent de panique, de rumeur et d'angoisse, comment avouer son mal ? À qui confier sa détresse ? Il fallait donc, à tout prix, pour avoir la tranquillité, pour tenir notre pari de vivre le plus normalement possible, garder le secret.

Bien sûr, nous savions que dans un petit pays comme notre île, c'était vouloir transporter de l'eau dans un panier caraïbe que de croire qu'un secret d'une telle veine pût être gardé, fût-il un secret médical ! Mais nous fûmes ainsi amenés à jouer cette triste comédie et ceux qui parvinrent à le savoir, la jouèrent tout aussi certainement puisque personne ne s'aventura jamais à faire allusion à quoi que ce soit devant nous.

Il fallait que cette affaire fût vécue entre Colette et moi pour qu'elle fût supportable. Nous ne nous sentions pas la force de toujours devoir tout expliquer. Le sida, dans l'opinion, était le fait de gens aux mœurs relâchées.

Allions-nous toujours devoir apporter la preuve face à une légitime suspicion, ne fut-elle que passagère ? Nous voulions que les enfants grandissent à l'abri de cette atmosphère pesante.

Mettez-vous à notre place et essayez de vivre un court instant cette « *innocente* » fiction. Vous êtes invité chez des amis et l'on vous donne un couvert différent ou on le jette après votre départ puis on dépense des trésors d'énergie pour curer les toilettes après notre passage... Durant la réception, vous voyez les mamans verdir de terreur alors que vous vous approchez de leurs enfants. On vous recommande de ne pas vous montrer trop effusif. Vous surprenez quelques bribes de conversations : « *[...] et leurs enfants, après tout, on ne sait jamais, ne pourraient-ils pas contaminer les nôtres ?* ». Le directeur de l'établissement que fréquente vos enfants vous fait savoir qu'il est désolé, que lui ne voit pas de problème, mais vu que de nombreux parents s'inquiètent, il vous suggère, tant pour vous que pour apaiser ces derniers, de « *bien vouloir songer à inscrire vos enfants ailleurs au prochain trimestre...* ». Ou alors vos enfants sont la cible de moqueries où d'insinuations malveillantes de la part de leurs petits camarades. Ce que rapportaient ceux-ci ne pouvant être de leur crû, il faut bien que l'on ait ensemencé ces innocentes oreilles...

Rassurez-vous, ce n'est là qu'une brève et pure fiction et nous vous prions de croire que toute ressemblance avec quelque personne, ou situation réelle ne saurait être que fortuite et que simple coïncidence ! *Dixit.* Mais cette fiction, nous l'avons, au moins, vécue dans notre tête et à chaque fois qu'il fallait nouer des rapports sociaux.

Nous ne nous sentions pas en droit de mettre à l'épreuve l'amitié de nos amis. Aussi, forcément, avons-nous dû réduire nos contacts sociaux au minimum. Déjà, de par notre formation, nous avions des idées bien précises en matière d'éducation : respect du développement individuel de l'enfant, apprentissage de l'autonomie, développement global au contact de la nature. Nous avons ressenti le besoin, vu notre vulnérabilité, ne sachant pas combien de temps encore nous pourrions être auprès d'eux, de nous y consacrer totalement, de leur donner le maximum d'agrément et de présence. C'est ainsi qu'ils ont été scolarisés à domicile, Colette et moi leur faisant la classe.

Quant à Colette, sa formation d'enseignante, de psychologue et sa spécialisation auprès de l'école Maria Montessori lui avaient permis de se rendre compte de l'intérêt d'une formation dépassant les limites d'une simple instruction, notamment, entre autres, la prise en compte d'éléments éthiques et philosophiques majeurs tels que :

- la nature de l'homme (refus des conceptions anthropologiques idéalistes et « *rousseauistes* » en matière d'éducation).
- l'importance des influences précoces et de l'environnement sur le jeune enfant (d'où le rôle important de son milieu de vie, de la qualité des intervenants et donc, du rôle prééminent et prégnant de la présence effective de la mère auprès du jeune enfant) ;
- la nécessité d'une relation privilégiée, à l'écoute de l'enfant (mieux se connaître pour mieux se comprendre et réduire les conflits, les blocages (communication/relation) ;
- le positionnement critique face à tout système éducatif, à moins qu'il ne garantisse, par ses objectifs et par l'engagement de ses intervenants, que ses priorités sont bien : l'accession de l'enfant à l'autonomie, le respect du

rythme de développement de celui-ci et, en fin de compte, la formation de son caractère.

Ce dernier point est capital. Parler de la formation du caractère ne signifie pas laisser de côté ou minimiser l'acquisition des connaissances.

Notre tentative était la suivante : s'éloigner tout autant du courant qui voudrait imposer la connaissance (la performance, la productivité, comme critères élaborés en dehors des intérêts et préoccupations de l'enfant) comme le but de toute démarche pédagogique, que de ceux qui voudraient entreprendre, au nom d'un certain naturalisme, les voies hasardeuses d'une vie en ghetto.

On veut nous faire croire qu'en dehors de l'école, point de salut et qu'il faut envoyer les gamins, de plus en plus tôt, à l'école ou en institution pour les socialiser etc., etc. On connaît la chanson ! Avant, il fallait des hommes parce qu'on avait besoin de chair à canon, aujourd'hui, il faut de plus en plus d'ouvriers spécialisés pour répondre aux besoins de l'économie. Mais quand se penche-t-on vraiment sur les besoins réels de l'enfant ? Lui donne-t-on le temps, le loisir de les exprimer ? Je ne voudrais pas être trop sévère envers notre société qui, certainement dans l'ensemble fait ce qu'elle peut, mais tout de même n'est-on pas en droit de s'interroger quand le circuit proposé se réduit pour l'essentiel à ceci : naissance en éprouvette - biberon - couches - gardienne - crèche - école - université, formation professionnelle - boulot - retraite - maison de retraite ou asile - brève station sous le porche de l'église, les pieds devant, pour ceux qui en sont partisans... puis la crémation ? « *Fumée de fumée et poursuite du vent que tout cela* » disait le sage. Cette insignifiante existence ressemble de trop près au sinistre « *naître, vivre et mourir* » des Anciens. Chacun a le droit d'essayer d'ajouter d'autres options au cheminement imposé par la société, de trouver des voies alternatives raisonnables.

Pour une instruction de masse, l'école est certainement un système efficace, mais il n'est ni le seul, ni l'unique, ni le moyen idéal d'éduquer des individus. Si l'école se donne, comme l'une de ses missions, la socialisation, elle ne saurait être la seule à l'assumer.

Il me paraît important de conserver à l'acte d'éduquer toute son ampleur, d'éviter de l'emprisonner dans les couloirs trop étroits de la transmission des savoirs ou de l'utilitarisme économique. Par là même, il faut résister à la tentation de déresponsabiliser les autres institutions au profit du « *tout école* », qu'il s'agisse de la famille, des entreprises, des lieux culturels ou des églises.

L'école ne peut être considérée comme le seul lieu possible d'éducation et ne devrait pas être chargée de toutes les finalités éducatives, définies par chacun des groupes qui composent la société civile (famille - syndicat - parti politique - église, etc.).

Ceux-ci devraient, eux aussi, assumer davantage leur responsabilité quant à l'enseignement des valeurs, l'engagement dans la foi ou dans l'acquisition des moyens nécessaires pour vivre sa citoyenneté. Ainsi pourrait-on, il me semble, aborder avec sérieux et dans les termes qui conviennent les problèmes de délinquance, de violence et la délitescence du lien social.

Comment voulez-vous qu'un gamin qui n'est pas encore structuré, qui est comme une éponge qu'on lâche à l'école-garderie, puisse toujours se socialiser de façon positive. Pour vraiment se socialiser il faudrait que chacun soit en mesure d'apporter quelque chose de structuré, or c'est trop peu souvent le cas, ou c'est trop demander en l'état des choses.

C'est pourquoi la violence s'apprend très tôt à l'école, les petits caïds régnant déjà sur les plus faibles. Ce contexte générant chahut, dispute, perte d'énergie, fatigue, maladie, le recours massif aux antibiotiques et la valse que l'on connaît des différents mal-être et malaises de l'enfant que l'on camoufle tant bien que mal. Et pour couronner le tout une discipline « *harmonisatrice* » de l'école, un rythme imposé à tous, au nom de la bonne tenue de la classe et qui fait trop souvent violence à la personnalité naissante du jeune enfant.

Quel bonheur de voir Colette épanouie au milieu des enfants, leur apprenant à lire, à compter en modelant de la pâte à sel, en les amusant à passer leurs petits doigts sur d'appétissantes lettres rugueuses, en leur apprenant l'heure, en les faisant essuyer la table dans un certain sens plutôt que dans un autre, sa chère séance de repérage spatio-temporel et d'intégration du schéma corporel qui avait le mérite de faire également le propre !

À la maison, tout était école et tout était jeu : le moment de la prière, faire le lit, ranger la chambre, faire la cuisine, changer l'eau de l'aquarium, assister à la naissance des chatons, des chiots, préparer la pâtée du chien, etc.

L'objectif étant de sauvegarder et de respecter, autant que possible, l'autonomie et le développement propre à chaque enfant, sa curiosité et sa conquête du savoir, donc de sa liberté, par sa maîtrise de son propre contrôle de l'erreur. Pour Colette il ne s'agissait pas tant de dresser ou de redresser que de tenter de découvrir le potentiel de chaque enfant et de permettre à celui-ci de s'exprimer.

Bien que convaincu de la validité d'une telle méthode, immergeant l'enfant dans son monde réel, s'appuyant sur sa curiosité et son besoin autonome de dépassement, j'étais émerveillé chaque jour par les progrès qu'ils faisaient ensemble.

Le texte suivant de Khalil Gibran dans *Le Prophète*, nous avait beaucoup inspiré Colette et moi dans notre approche éducative.

« Vos enfants ne sont pas vos enfants.

Ils sont les fils et les filles de l'appel de la Vie à elle-même.

Ils viennent à travers vous mais non de vous.

Et bien qu'ils soient avec vous, ils ne vous appartiennent pas.

Vous pouvez leur donner votre amour mais non point vos pensées.
Car ils ont leurs propres pensées.
Vous pouvez accueillir leur corps mais pas leur âmes.
Car leurs âmes habitent la maison de demain que
Vous ne pouvez visiter, pas même dans vos rêves.
Vous pouvez vous efforcer d'être comme eux mais ne tentez pas de les faire comme vous.
Car la vie ne va pas en arrière, ni ne s'attarde avec hier.
Vous êtes les arcs par qui vos enfants, comme des flèches vivantes sont projetés ».

Chapitre VIII

Rester debout pour tuer la mort avant qu'elle ne vous tue...

En 1988, le moment était venu de réaliser certains projets d'études. Il fallait donc partir à nouveau pour la Métropole, plus précisément en Haute-Savoie, dans un centre universitaire et pédagogique, pour me préparer au ministère pastoral et Colette voulait préparer son DESS en psychologie.

J'avais étudié la philosophie et la psychologie, mais ce qui me passionnait depuis l'enfance, c'était de devenir missionnaire comme médecin ou comme pasteur. Les choses spirituelles m'ont toujours attirées. Je me rappelle d'ailleurs un fait marquant de mon enfance qui fut, pour moi, décisif. J'ai toujours eu l'impression que la vie m'avait été redonnée et que je devais en faire un bon usage.

Enfant, nous habitions une banlieue ouvrière de la région parisienne. Un soir d'hiver, dans notre modeste demeure, tout le monde s'étant couché, nous jouissions du repos qui aurait pu être le dernier pour chacun d'entre nous. En effet, il n'était pas rare, à cette époque, que certaines maisons qui n'avaient pas le chauffage central utilisent un poêle. Malheureusement, l'évacuation de l'oxyde de carbone se fit mal ce soir-là et le gaz sournois et mortel reflua à l'intérieur. Nous étions en train de nous enfoncer dans une mort exquise, celle des gazés, quand je ne sais pour quelle raison, je me mis à crier. Mon père tentant de reprendre conscience, se traîna en titubant et cassa les carreaux de la fenêtre et put appeler police secours et les pompiers qui se mirent à ranimer les autres membres de la famille. J'ai encore le souvenir du goût de l'oxygène et la sensation du masque emprisonnant mon visage. Une presse bien en faveur du monde ouvrier s'empara de ce fait divers et cela accéléra notre accession à un nouveau logement. J'ai toujours interprété ce secours *in extremis*, comme un signe de la Providence qui souhaitait m'accorder une rallonge de vie.

Ce furent quatre années bien remplies, que nous passâmes dans ce centre d'étude. Cette région de l'Europe est magnifique et Colette et les enfants se plurent lors de nos déplacements, en Italie, dans le Jura, dans les Alpes et la Suisse toute proche. Elle continuait ses cours de psychologie, à Chambéry, en même temps qu'elle suivait des stages de perfectionnement pour l'enseignement des enfants, d'après la méthode de Maria Montessori, ce célèbre médecin et pédagogue italien. Ces cours étaient donnés dans le midi de la France. Certains week-ends, nous nous y rendions en voiture, hiver comme été.

Une route de rêve. Après avoir laissé Grenoble et ses vallées encaissées, grimpé vers Gap, emprunté le col de la Croix-Haute, dépassé les vestiges de l'occupation romaine que constituent ces merveilleux aqueducs qui surplombent de profondes vallées, puis débouché, par les portes de la Provence, terre célébrée par Pagnol, traversé Digne, Fort Calquier, Manosque et trouvé ce ciel bleu qui nous faisait tant penser aux Antilles, nous respirions avec bonheur le parfum du romarin. Nous nous laissions bercer par le vent s'engouffrant dans les oliviers, par l'accent chantant des gens du midi et par le cri des cigales. C'était une ivresse et un véritable enchantement, après un si long voyage.

Je m'étais inscrit également à la faculté Protestante de Montpellier, en DEA de théologie, ville qui m'était chère puisque c'était l'endroit où je venais rejoindre Colette, deux fois par an, quand j'étais étudiant en philo à Toulouse. C'était également où j'avais su que j'allais être père de jumeaux.

Avec l'aide de Colette, qui révisait le document, je pus achever la rédaction de la thèse en six mois.

Après que j'eusse été reçu Docteur en théologie, plusieurs amis africains qui avaient étudié avec moi, à l'Institut, en Haute Savoie, vinrent me féliciter. Pour eux, j'avais accompli un exploit, alors que pour moi, pur produit de l'école française et de ses avatars, je n'avais réalisé qu'un accomplissement. Pour eux, c'était presque une révolution, un acte politique, une revanche que l'homme noir prenait sur l'état d'inculture ou de sous-culture que le pouvoir blanc maintenait ostensiblement dans certains de leurs pays et dans certaines institutions internationales, quand ce ne sont pas les responsables africains eux-mêmes qui anéantissent leur propre peuple, l'empêchant d'émerger de la misère et de se développer, en entretenant des guerres fratricides et le pillage éhonté des richesses nationales.

Ils me firent la fête, certains ne pouvant s'empêcher de m'embrasser avec, manifestement, des larmes aux yeux, en me bourrant de tapes amicales dans le dos. C'était pour moi un accomplissement et un exercice académique, mais la joie de mes frères de race, de mes frères africains m'amena à réaliser un peu plus le chemin parcouru par nos peuples opprimés.

Colette était une métisse qui mêlait avec grâce et harmonie les particularités des différentes souches de notre île. Je suis un descendant de ceux dont l'éreintant labeur fit fructifier les plantations. Nous étions en train d'émerger à la pointe de notre histoire, nous confondant dans ce qu'il est convenu d'appeler notre « *antillanité* », concept qui se déploie encore aujourd'hui dans et contre l'inconscient collectif où subsiste toujours profondément des séquelles de la période de l'esclavage.

Le 150e anniversaire de l'abolition de l'esclavage, qui fait écho à d'autres soubresauts de la mémoire de l'humanité (le 400e anniversaire de la révocation de l'Édit de Nantes, le centenaire du « *j'accuse* » de Zola, à l'occasion de l'affaire Dreyfus, le 30e anniversaire de la mort de Martin Luther King et de Mai 68), avivée par l'impérieux et tout nouveau besoin et devoir de mémoire n'est qu'une pâle évocation de ce monceau de souffrances qu'a dû enjamber notre histoire pour éclore à d'autres matins. La commémoration de cette inénarrable abjection, de ce crime contre l'humanité, de cette souffrance sans commune mesure est nécessaire pour conjurer à jamais le retour de cette horrible et hallucinante barbarie, cette affreuse nuit de l'humanité sans étoile aucune.

Cela me fait souvenir de la question posée par ce vieux rabbin qui demandait à ses élèves

« à quoi peut-on reconnaître le moment où la nuit s'achève et où le jour commence ?

– Lorsqu'on peut sans peine distinguer de loin un chien d'un mouton ? demanda l'un des élèves.

– Non, dit le rabbin.

– Quand on peut distinguer un dattier d'un figuier ? s'enquit un autre élève

– Non, dit encore le rabbin

– Mais alors comment ? demandèrent les élèves.

– C'est lorsqu'en regardant le visage de n'importe quel être humain, tu reconnais ton frère ou ta sœur. Jusque là, il fait encore nuit dans ton cœur ».

Cette commémoration est nécessaire à l'éducation des jeunes générations et pour faire la lumière sur cette période aphone, enténébrée, enchevêtrée comme une forêt d'ébènes. Car, rappelons-nous qu'en tous temps les révisionnistes sévissent et que les avancées, en ce qui concerne les droits de l'homme, ont souvent été suivies de spectaculaires retours en arrière.

Son père, commerçant, dont tous gardent le souvenir d'un homme foncièrement bon et conciliant et sa mère, tous deux originaires du Lorrain, étaient venus s'installer et tenir un magasin à St. Pierre, ville foudroyée, qui ne put jamais, malgré bien des tentatives, reprendre son rang de favorite, de ville phare. Ils avaient été prospères sur la place jusqu'à ce qu'un malencontreux dépôt de bilan conduisît le père à envisager de se reconvertir dans le commerce ambulant.

Sa mère une femme de qui Colette me faisait souvent l'éloge de sa détermination et de son courage, que je n'ai malheureusement que trop peu connue personnellement, puisqu'elle était décédée alors que sa fille n'avait que quatorze ans (nous étions alors en classe de seconde), était une personne qui nourrissait de grandes ambitions pour sa dernière fille, que le couple avait eue très tardivement. Colette avait donc certainement intériorisé ce désir de dépassement, une grande curiosité et le goût des études. Elle fit ses études dans les écoles chrétiennes et sa mère veillait, avec soin, comme elle me le racontait, sur sa formation.

Par ma mère, originaire du Diamant, je viens en droite ligne de mes ancêtres africains, dont les noms sonnent et résonnent encore dans la commune tels les Simba, les M'Benny, les M'Basse, les Makessa, les Zoumba, les Zemba, les Mavingo, etc. Elle est de ces femmes travailleuses, infatigables. Dévouée au bien des siens, elle nous apprit le sens du devoir, du travail bien fait et de l'honnêteté. Le site aménagé à l'Anse Cafard et le monument réalisé par Laurent Valère, dressé et orienté vers le Golfe de Guinée, en souvenir de l'un des derniers bateaux négriers (un brick) qui avait coulé le 8 avril 1830, près des côtes, lors d'une tempête (alors que la traite était théoriquement abolie depuis 1815), rappelle, dans le grondement de l'océan d'un insondable bleu turquoise en cet endroit, l'épopée de ces hommes, de ces femmes et de ces enfants, arrachés à leur berceau africain et jetés sur ces sols qu'ils surent imprégner, féconder, renouveler et modeler de leur être, de leurs révoltes et de leur obstination à faire la lumière dans la nuit, à percer le voile des ténèbres et du brouillard.

Mon père avait perdu sa mère dès l'âge de trois ans. Ses racines maternelles plongent vers le Lorrain. Il était né à Fort de France, fruit des amours ancillaires de son père, un officiel de l'époque, beau parleur, dont le buste trône souverainement au palais de la mutualité. Il avait été dès treize ans, orphelin. Comme les temps étaient difficiles, on lui avait appris le métier de cordonnier.

Ce *self-made man*, contribua beaucoup, de par son parcours, à me donner le goût du combat, de la lutte, lui qui avait bravé la vie avec comme seul vrai bagage son humour et son art de vivre.

Orphelin, il s'était engagé, à l'insu de son tuteur, n'étant pas majeur, comme « *volontaire pour la durée de la guerre* » dans le bataillon cinq, sous les ordres du commandant Tourtet. Ce corps de troupe était destiné à faire partie du détachement de renfort à destination de l'Afrique du Nord, intégré à la Première Armée du général De Larminat et appuyé par les blindés du Général Leclerc. Débarqués de l'« Oregon » à Casablanca, ils avaient rejoints le camp d'entraînement de Guercif via Meknés, puis Oran et Alger. Ils étaient arrivés à Marseille (par « l'Eastern Prince »), puis marchèrent sur l'objectif, empruntant les fameux trains, de triste mémoire pour les juifs, sur lesquels se lisait l'inscription « 40 Hommes/8 chevaux », bivouaquant dans les fermes, notamment à Jonzac.

Ils devaient atteindre les avant-postes (St. Georges de Didone, en Charentes Maritimes) puis prendre part aux opérations de Royan (ils avaient à mener des missions de nettoyage en appui aux forces de débarquement), qu'ils allaient reprendre aux Allemands, avec l'appui de l'aviation alliée. À l'occasion de cette attaque, le Commandant Tourtet, mortellement touché par un tir d'obus, lors de l'attaque, avait été ramené vers l'arrière sur un affût de canon. Les soldats antillais avaient été répartis dans plusieurs autres unités et pris part ainsi à la libération du territoire. Revenu au pays, démobilisé, il avait eu le choc, avec d'autres, de voir comment l'on traitait ceux qui avaient offert leur jeune poitrine comme bouclier à la Nation, ceux qui avaient essuyé le feu des armées nazies, qui avaient passé trois mois sans relève dans un nid de mitrailleuse, à se battre également contre les poux.

Ils avaient été vexés, eux qui avaient si généreusement offert leur innocente et jeune vie à la Mère Patrie, de se sentir traités comme du bétail, désormais inutile et encombrant. Ils n'inspiraient plus maintenant que la méfiance, au point ou l'on avait confisqué même à mon père une baïonnette allemande qu'il avait ramenée du front, en souvenir.

La Nation, au travers de la brutalité de la police militaire, n'avait pas su montrer sa reconnaissance. Elle qui leur avait appris à aimer la Mère Patrie en leur collant le nez dans le mémorable manuel d'histoire, le fameux Lavisse, où ils en avaient appris de belles sur leurs « *ancêtres* » aux longues moustaches, les Gaulois... jusqu'à ce qu'Henri Salvador, comme pour narguer les sourires « *banania* » qui se fendaient sur les murs, dans toutes les bouches de métro, ne balayât tout cela de ses grands éclats de rire ! Un tel comique de situation valait bien une telle réplique et une belle rigolade. Comme aimait à le dire, avec malice, une amie de Colette, compatriote de Félix Eboué, ce grand noir, ce grand administrateur français : « *A pa couillon ki fè mô nwè !* » (couleur et naïveté n'ont pas forcément à se confondre !) comme on l'affirme au pays de l'enfer vert. Cela n'avait pas empêché mon père de recevoir, comme premier prix à l'école coloniale, un ouvrage charmant, au titre évocateur : « *Bout de réglisse n'a pas de malice !* ».

On les avait parqués, on manifestait une certaine méfiance envers ces jeunes qui maintenant qu'ils ne pouvaient plus être employés à jouer à la guerre, avaient une énergie disponible qui faisait peur. Plus tard viendraient les problèmes avec leurs fils, assoiffés de toucher le dû de leurs pères, et avec les « *négropolitains* » ruant dans le cadre des banlieues. Pour l'instant, cette aigreur qui agitait maints jeunes esprits d'alors, n'attendait qu'une étincelle pour se transformer en rébellion ouverte.

Ecœurés, plusieurs, du haut de leurs vingt ans, pensaient rentrer et faire la révolution au pays. Les « *Français ne s'en tireraient pas comme ça !* ». Ils étaient partis, confiants dans la Mère Patrie ; c'étaient près de 15.000 jeunes qui, au cours des deux guerres, avaient donné leur vie pour le drapeau français. Ils étaient, comme le disait la chanson de l'époque « *monté blo, blo, blo derrière Hitler !* » et ils avaient l'impression « *de s'être fait avoir* ». Mon père était de ceux-là, la rage au ventre, n'ayant rien à perdre. Ils avaient donc pris leurs dispositions vengeresses et, lui, avait ramené dans ses bagages, dans son paquetage, des bâtons de dynamite dont il ne se débarrassa ainsi que de ses idées révolutionnaires, qu'après sa conversion à l'évangile et son baptême, lorsqu'il jeta ses munitions dans les eaux de la Française, devant le fort St. Louis. L'Évangile devait faire de ce soldat un peu turbulent et déçu, un soldat pour le Christ.

Il repartit étudier la théologie en France, travailla à Paris, fonda une famille, puis rentra au pays où il exerça le ministère pastoral dans l'Église Adventiste du 7e Jour et l'aumônerie du Centre pénitentiaire de Fort de France.

Généralement, les familles antillaises, celles du peuple en particulier, nourrissent de secrets espoirs d'affranchissement de leur humble condition. Elles investissent beaucoup dans leurs enfants, souhaitant pour eux un avenir meilleur.

Il nous semblait donc légitime de tenter de nous former le mieux possible pour notre peuple, notre famille et notre église.

Nous ne pouvions faire moins que les générations précédentes qui avaient lutté pour leur affranchissement. Nous devions poursuivre cette œuvre, nous semblait-il, par l'éducation, « *porte de notre seconde liberté* » comme l'a affirmé Aimé Césaire.

Nous étions rentrés à la Martinique et j'assumais des tâches pastorales dans le sud de l'île, ainsi que l'aumônerie d'un lycée. Colette, ayant parfait sa formation, poursuivait avec les enfants, puis je reçus de mon Église la mission d'encadrer les questions d'éducation et de famille, au niveau régional (Martinique - Guadeloupe - Guyane).

Manifestement, malgré la bi-thérapie qui lui avait été prescrite à l'hôpital d'Annecy, des signes évidents de complication commencèrent à se manifester. Perte de poids et autres infections opportunistes. Nous nous arc-boutions dans la prière, la lutte et le travail. S'il fallait être vaincu on le serait... mais debout. Nous avions appris à gérer notre peur, notre angoisse. Et quand cela allait très mal, Colette me souriait et me disait :

– « *Ne t'en fais pas. Le bon Dieu n'aura pas le toupet de me laisser claquer !* »

Et puis, elle ajoutait :

– « *Je ne veux pas te laisser tout seul...* ».

Je l'admirais dans sa détermination à garder le moral quoi qu'il advînt.

Le plus dur, c'était de partir en mission. Au delà de trois jours, c'était l'enfer. À chaque fois, je lui disais : « *Écoute, il nous faut être raisonnables, je crois que je vais laisser tomber mes activités* ». Elle me disait : « *Non, garde le rythme, c'est dur mais je tiens* ». A chacun de mes voyages, la première chose que je repérais à l'aéroport, à l'hôtel, c'était un téléphone. Il me fallait être sûr de pouvoir ouvrir une ligne. J'eus parfois de drôles de surprises, quand le montant de la facture m'indiquait que nous avions confondu les secondes avec les minutes... mais c'était incœrcible, on ne pouvait ne pas se parler une, deux fois par jour. Cette dépendance et son expression, sa traduction au quotidien, d'aucuns se la refusent pour sauvegarder une certaine indépendance, pour masquer leur fragilité, par éducation machiste ou par peur du ridicule.

Quand c'est par goujaterie, c'est l'horreur et le désespoir infini de l'autre que l'on ravage et qui demeure assoiffée de tendresse, débarquée sur une île déserte, desséchée et labourée par le manque.

Cependant, existe-t-il de véritable amour sans interdépendance, sans l'offrande à l'autre de sa vérité, sans le risque de s'exposer dans sa nudité, dans sa fragilité, dans sa réalité, dans sa vérité pour être couvert, vêtu, revêtu de l'amour de l'autre ?

Qu'est-ce que le mariage, si ce n'est comme l'indique encore la portée symbolique dans l'usage, qui perdure encore aujourd'hui, pour l'épouse de prendre le nom du mari, de l'homme qu'elle aime ?

Ce n'est nullement ce contrat aliénant, ce mariage dit bourgeois, lieu clos de la violence, jungle feutrée, boisée, où sous le couvert de la respectabilité, de la légalité, sévit la plus surprenante, la plus cruelle exploitation, la plus subtile et la plus sournoise manipulation d'une partie contre l'autre. Il ne s'agit pas de ce lien qui resserre toutes les autres entraves et qui viendrait légitimer, institutionnaliser les plus pénibles servitudes. Il ne s'agit pas de cet enfermement que l'on devrait alors opposer à une quelconque souveraineté du désir, à l'innocence du plaisir, à la légèreté bohème de la passion et à la pseudo liberté de l'amour.

Ces deux extrêmes sont à congédier dos à dos et sans retour. Pourquoi voir esclavage, servitude là où il y a le risque librement assumé, la joie partagée de se donner, de s'abandonner, de s'oublier dans l'heureux espoir de conquérir, de devenir ce « *nous* » tellement plus large et plus riche.

Cette alliance, le mariage, n'est-il pas l'indication d'un mélange, d'un échange, d'une rencontre, d'un engagement de deux libertés, d'un risque couru par deux individus qui veulent croire en cette valeur fondamentale : celle de l'amour ?

Le mariage chrétien est précédé des fiançailles. En tous cas, il est fondé sur un échange de paroles, il repose sur un échange de promesses. Cette parole donnée et échangée est un acte de foi (de fiance) c'est un abandon à l'autre, on se fie à l'autre. On s'en remet à l'autre pour ce qui est essentiel, pour son bonheur. Celui qui reçoit cette marque de confiance, qui devient dépositaire de cet abandon est encore plus lié, plus engagé, car il devient responsable, il doit répondre de la nudité de l'autre, de son dépouillement, de sa vulnérabilité, de l'offrande de l'autre.

Comme il est étrange que notre société, aujourd'hui, puisse dériver vers des conceptions aussi réductrices voir ambiguës de ce que pourrait être l'amour, la famille, ce lien fondamental, éminemment symbolique et fondateur de toute société.

Il est vrai que, dans ce domaine, on peut comprendre que certains veuillent s'affranchir de ce qui leur apparaît comme un fixisme contraignant, invasif de leur liberté et un impérialisme du seul mariage devant Monsieur le Maire, d'autant que pour eux un engagement à caractère privé n'est pas un défaut ou une absence d'engagement... L'amour, selon eux, pouvant se décliner en fonction d'autres modes, bien que, il faut l'admettre chargés de contradictions.

Les « *marginaux du mariage* » purs et durs sont bien perplexes face à la tendance actuelle qui vise à rapprocher les formes diverses de concubinage (hétéro voire homo) du mariage traditionnel.

En effet, dans le cadre de l'amour dit « *libre* », comment donner des droits à ceux qui refusent la loi ? La formule qui fait recette « *à chacun son truc* » vient traduire la volonté des individus à vivre comme ils l'entendent, leur sexualité, en dehors de tout dogmatisme, l'État n'ayant pas à imposer un mode de vie. Cependant l'État aide financièrement la famille parce que c'est vital pour la société et l'intérêt général, mais il n'aide pas, en tous cas pas de la même manière, le couple, la sexualité, même hétérosexuelle. D'où le slogan : « une sexualité libérée, oui ! Une sexualité subventionnée, non ! ». La libéralisation des mœurs, notre société pluraliste, la rupture des amarres d'avec la religion, amènent certains à préférer d'autre voies.

Que l'on veuille tenir compte de certaines difficultés telles la solitude de plus en plus grande des gens, les nouvelles solidarités que l'on veut encourager, la discrimination et l'exclusion à l'égard des homosexuels, auxquels on souhaite accorder la possibilité d'assumer leur choix plus sereinement est une chose. Mais comment une société qui repose sur l'irréductible différence que constitue notre identité sexuelle peut-elle en arriver, sans prendre le risque de se saborder, à cautionner ce qui apparaît de plus en plus, malgré les précautions oratoires de ceux qui veulent l'amener sur les fonds baptismaux, comme un « *sous-mariage bis* » ou comme l'ont affirmé certains un mariage « *extra light* » ? De plus il n'est pas difficile d'imaginer le potentiel et prochain marché noir pour *PACS blancs*, comme certains l'ont déjà pressenti.

A-t-on vraiment pesé toutes les implications fiscales, juridiques et symboliques de ce qui apparaît de plus en plus comme un cactus ? Et son extension à la fratrie, jugée démagogique, parce que perçue comme un artifice visant à masquer son caractère « *sexuel* », ne serait-elle pas qu'un pauvre manteau de Noé ? Cette dernière disposition pourrait se révéler discriminatoire et inégalitaire venant de l'État, jugez-en donc, ce serait le cas des familles composées d'un nombre impair de rejetons...

Au-delà de sa portée juridique, qui est cependant l'assise d'une dimension symbolique forte, le mariage demeure le langage le plus clair, quoiqu'on dise, pour signifier le fait de se donner l'un à l'autre, d'offrir à l'autre son passé, son présent, mais également son avenir, c'est-à-dire son devenir et sa liberté.

André Dumas disait du mariage en tant qu'institution que

« le juridique ne transforme rien dans les profondeurs de l'affectif […] mais le juridique, en un instant, énonce que le cœur et le corps n'hésitent plus à conjuguer le moment avec la durée. Toutes les cérémonies, dans l'Église, ou dans la communauté civile […], sont pareillement des décisions de ne plus hésiter : je me fais baptiser, je communie, je vote, je m'inscris, etc. Il y a un temps pour hésiter, quand on a besoin de réfléchir. Et il y a aussi un temps pour se décider, car, à force de réfléchir, l'usure du temps laissera passer le moment favorable de la décision. Le mariage, justement, en tant que forme juridique, est l'occasion, pour deux vies, de rompre la continuité incertaine de leurs sentiments, par la discontinuité de leur décision […] D'où, psychologiquement, le premier rôle du mariage, que j'appelle volontiers 'cérémoniel' […] Il tranche par une décision dans le méandre des essais et des reculs. C'est beaucoup, c'est simple, et c'est important, […] Le mariage est d'abord et fondamentalement, une bonne occasion de choisir. La cohabitation ne demeure-t-elle pas essentiellement une co-hésitation ? ».

Il me semble qu'avant de changer d'attelage et hors des écrans de fumée élevés par les ébénistes, en matière de langues de bois, les manipulateurs d'opinions, ou tout simplement ceux qui au nom d'une certaine conception de la liberté voudraient ouvrir des chantiers non balisés mais dont les prémisses sont déjà grosses d'indices prémonitoires néfastes, notre société devrait peut-être revisiter toute la portée symbolique de ce contrat, le mariage, que le Code civil et la République consacrent, ce lien unique qui fait avancer l'« *un* » vers l'« *autre* ». Cette indépassable différence laisse accéder à une réelle altérité qui permet d'échapper à l'enfermement du même, ouvre à l'une des fécondités les plus précieuses, les plus riches : l'enfant et est, contrairement à ce que l'on pourrait croire, largement veinée de multiples chemins d'aventures et de libertés.

En contractant mariage, la jeune fille, la femme consent, en perdant son nom, à se dépouiller de son identité, du nom du père qui jusqu'à cet instant la constituait. Elle perd, dès ce moment où elle consent, quelque chose qui n'est pas rien, puisqu'elle s'est toujours jusque-là reconnue dans ce nom, qui est elle-même, pour adopter celui de l'autre, le nom de celui à qui elle décide de se donner, d'appartenir et avec qui elle accepte de faire corps. À moins que ces mots ne veuillent plus rien dire... Il est vrai qu'aujourd'hui, par prudence, par calcul, par le biais des dispositions juridiques, certains sont d'accord pour tenter de réaliser ce « *une seule chair* » mais, malheureusement, chacun (bien à l'abri) dans sa peau !

Il faut noter que la démarche est tout aussi existentielle et exorbitante pour celui qui « *risque* » son nom, son identité, l'histoire de sa lignée, qui donne son nom à qui il se donne, à celle qui désormais fera vivre ce nom.

Je ne suis pas un romantique au sens où cette expression devrait consacrer la mélancolie, le spleen, en scrutateur de soi, dans une langueur stérile. Il ne s'agit pas de s'abandonner à la seule passion, aux seuls (bons) sentiments, sans faire intervenir la volonté d'aimer. Ce serait oublier l'instabilité de la cotation de ces indices à la bourse fluctuante du désir. Je ne pense pas non plus faire partie de cette *foule sentimentale en mal d'idéal* et encline à pleurer, comme l'ont chanté Souchon et Voulzy. Rien à voir avec tout cela ! Ce qui m'habite, c'est le respect de la personne, le respect de l'autre, ce qui réclame l'émergence d'une virilité capable d'écoute, de sincérité, de respect de la parole donnée et d'une souscription totale à l'impératif kantien de « *toujours considérer l'autre comme une fin et non comme un moyen* », ce qui connote me semble-t-il l'Évangile ?

Chapitre IX

Se préserver ?
« Qui est là ? C'est toi... »

1997 marquera le terme de notre longue lutte. Colette faisait maintenant partie des personnes parmi les premières à avoir été infectées par le virus. Son corps était affaibli et réagissait de plus en plus difficilement aux soins.

Moi-même, je commençais à ressentir quelques signes de lassitude. C'était peut être parce que bientôt, l'année suivante, je passerais mes quarante « *piges* ».

Le plus dur était de penser, de planifier, de faire l'effort de se projeter dans l'avenir.

Tout projet se situant au-delà de trois mois amenait inconsciemment cette interrogation : *Serai-je d'ici là en état de le faire ? Serons-nous encore là ?*

Il fallait donc refouler cette angoissante perspective et se jeter encore résolument dans l'action.

Je faisais remarquer à Colette que je n'avais jamais pris de congé de maladie. J'avais enfilé, comme on le ferait des perles, les activités les unes après les autres. J'aimais entreprendre. J'avais eu l'occasion de conduire plusieurs activités : rédacteur, aumônier, pasteur, chef d'établissement, enseignant, conférencier, animateur de colonies de vacances, pion, distributeur de prospectus, jardinier et autres petits boulots.

J'avais l'impression d'avoir mené plusieurs vies et je lui disais que si on me mettait à la retraite, je ne l'aurais pas volée ! Elle me rétorquait qu'elle n'en croyait pas un mot et que je ne m'arrêterais jamais, tel qu'elle me connaissait !

En fait, je n'avais jamais eu d'alarme. Ma santé jusqu'alors se maintenait (je faisais partie des « *asymptomatiques* ») et comme nous avions décidé de vivre le plus normalement possible, je me concentrais sur la santé de Colette, les enfants et le travail et ne cherchais pas à faire un nouveau test.

À quoi bon, il n'y avait pas de médicament, pas de thérapie en mesure de guérir la maladie. Si des symptômes survenaient, il serait toujours temps de réagir de façon ponctuelle. Ce genre de maladie, en l'état actuel des choses, est un défi pour la médecine, un défi pour la foi, un défi pour la raison.

À quoi bon « *se prendre la tête* » à faire des tests, pour s'entendre dire quoi ? : « *Que ce qui était probable était devenu évident...* » et après ? Ou que « *l'on était encore de l'autre côté de la barrière* ». Et à quoi servirait une palpation angoissée de soi-même ? Il n'est pas bon de faire du vélo et de se regarder faire du vélo, de patiner et de se regarder patiner, on perd en efficacité, quand on ne se casse pas la figure...

Il ne s'agit nullement de l'attitude « *déraisonnable* » du desperado. Cela n'a jamais été dans ma nature, ni dans ma compréhension de la foi, à plus forte raison, un style de vie. De surcroît, je me fais crédit de croire avoir suffisamment le sens des responsabilités. Jouer à la roulette russe, ce n'est pas vraiment mon truc !

Mon dernier, mon petit garçon, est apparu en pleine tourmente. Les médecins horrifiés nous ont dit : « *qu'il fallait enlever « çà », au plus vite* ». C'était une variable parasite qui pouvait influer sur le cours, déjà bien compromis, des événements ; et puis de leur point de vue, quelles seraient les chances de survie et dans quelles conditions, de cette « *vie pocker* » ?

Nous sommes allés jusqu'au bout de la procédure, le feu vert étant donné pour une intervention thérapeutique ; dans les pires tourments de voir le fruit de notre amour emporté à jamais. Mais au dernier moment, mon épouse se rappelant qu'elle avait elle-même pris naissance dans les mêmes circonstances dramatiques, ne put se résoudre, le jour prévu, sur les lieux de l'intervention, à ce que cette vie fût retranchée, n'ayant eu elle-même la vie sauve qu'à l'antépénultième minute, parce qu'une « *bonne sœur* » avait déclaré « *qu'elle avait déjà son âme* ».

Que faire, que ne pas faire quand on est « *embarqué* » ? D'une certaine manière Sartre répond dans *L'Être et le Néant* que « *la liberté est la liberté de choisir et non de ne pas choisir* ».

Des mois d'angoisse, de prières intenses afin d'avoir la force d'accepter les conséquences du risque de la foi et aujourd'hui, un petit bonhomme de onze ans, en pleine forme, véritable grâce de Dieu, qui demande à être baptisé. On ne peut vivre sans prendre de risque. C'est le prix de notre liberté, mais c'est la responsabilité par rapport à ces risques qui donne sens à notre agir. Cependant, le risque de la foi, n'est pas le jeu stupide, insensé, irresponsable de la roulette russe. Il ne s'agit pas non plus de l'insouciance du naïf à qui l'on montre la lune et qui scrute le doigt.

Ce qui est vécu dans ces circonstances, n'est de l'ordre ni de l'un ni de l'autre. Celui qui veut sauver une personne qui se noie ne se pose pas les questions : *Est-ce que j'ai de l'asthme ? Est-ce que j'attraperai la bilharziose ?* Si l'on se pose ces questions, on ne plongera jamais et on ne saura jamais, si on aurait pu sauver quelqu'un de la noyade, étant entendu qu'il n'est pas exclu que sauver quelqu'un de la noyade comporte le risque de se perdre soi-même.

L'amour est un don, le don de soi, il est un engagement de la volonté libre et il n'y a pas de plus grand amour, nous dit

Celui qui l'a réalisé pleinement (Jn. 15 : 13) que de « *donner sa vie* » pour l'être aimé.

Cet amour, partager ce « *faire une seule chair* » d'après l'expression des Écritures (métaphore singulière du lien le plus étroit d'alliance entre Dieu et son peuple) est pour ma part un mystère (conformément à l'expression paulinienne) qui m'émeut parce qu'il est le plus beau (métaphore que je dirai « *en miroir* », puisque c'est ce lien humain unique qui me renseigne sur Dieu, de même qu'en tant qu'humain, il me faut regarder au Christ et à son amour pour l'Église, afin de mieux comprendre l'amour humain...) et il vaut donc le risque de tenter de le connaître. Il ne s'agit pas de l'exacerbation et de la sublimation d'une énergie génésiaque atavique, mais de la prise en compte du fait que, pour la Bible, la sexualité (je ne pointe pas ici ce qui serait réducteur de la sexualité : la génitalité, qui en est une composante) n'est pas une réalité humaine accidentelle, mais essentielle. Nous nous positionnons devant Dieu et devant les autres dans notre irréductible différence d'homme ou de femme.

Ne faut-il pas un amour authentique, responsable pour s'offrir, se risquer dans sa nudité et accepter celle de l'autre sans que soi-même ou l'autre ne se sente nu, vulnérable mais au contraire revêtu, habillé par l'accueil, la tendresse, la compréhension de l'autre ? Osons une béatitude et disons : « *Heureux ceux qui s'efforcent de parvenir à la porte de ce bout du paradis* ». L'un et l'autre, dans leur nudité oubliée, vêtus de leur seule chair et de leur seul désir, parés dans leur bonheur des plus beaux atours de leur connivence, sont chacun chair de l'autre. Cela suppose plus qu'une compénétration, tendant à abolir la distance et la différence, mais réclame par ailleurs l'harmonie des esprits et des cœurs, la volonté partagée de tisser ensemble le fil qui fera la toile merveilleuse qui éclaire l'existence.

L'homme, selon le beau texte de la Genèse, ne « *sera* » homme que de la (sa) femme et la femme ne sera appelée femme que de l'homme. Ce futur s'actualise et s'accomplit dans toute rencontre amoureuse chaque fois qu'il y a une femme à nommer (à devenir, à marier), chaque fois qu'alors il y a un homme en devenir. Car qu'est-ce que l'un sans l'autre ? Chacun ayant besoin de reconnaître en l'autre celui qui le fera naître à lui-même, qui sera la clef de sa propre énigme. Le couple n'est-il pas, par ailleurs, symbole ? Il donne quelque chose à déchiffrer par-delà sa réalité immédiate : En effet, le mot symbole (*symbollon*) renvoie à la réunion de deux fragments, c'est quand ils sont en présence l'un de l'autre qu'ils expriment, dans leur tout, une réalité nullement contenue en chacune des parties.

Les anciens souverains confiaient des messages à des coureurs qui en emportaient chacun un fragment, une partie, ceci par mesure de sécurité. Ce n'est que lorsqu'ils étaient réunis, arrivés au but, à la fin de leur course que le message en son entier était restitué.

Quel mystère que celui de cette fusion, sans confusion, qui permet justement les conditions de la connaissance et de la reconnaissance, car pour se reconnaître il faut d'abord et toujours être soi. Cette fusion n'abolit, ni ne supprime quoi que ce soit chez les deux êtres en présence. Au contraire, puisque chargé de la plus-value qu'apporte le regard de l'autre, elle permet à chacun d'eux de mieux exister l'un par l'autre, grâce à l'autre qui le reconnaît et le découvre dans le même temps, différent de lui dans le même moment où il l'accueille comme étant part de lui-même. Ceci par un regard particulier, lieu d'une nouvelle naissance, d'une nouvelle mise au monde, de par cette attention, cet amour qui élit, qui met à part, qui singularise et qui fait émerger l'être aimé comme être unique, précieux. « *Un seul être vous manque* », disait le poète et « *toute la terre est dépeuplée* ». Ce regard est créateur.

On comprend aisément que c'est la fidélité de ce regard qui assure la permanence de cet être nouveau et que le détournement du regard crée la disparition, la brisure de cet être qui se nourrit, qui s'épanouit dans ce regard qui l'a fait advenir d'une façon si particulière et qui, sans cela, n'aurait jamais pris conscience de lui-même avec autant d'intensité.

C'est cette originalité, ce surgissement ravissant d'une nouvelle identité à travers le regard amoureux de l'autre qui crée justement l'émerveillement et qui lui donne cette connotation prodigieuse. Ce mystère est universellement chanté et célébré. N'est-il pas lové au cœur de cette promesse sacramentelle du mariage romain : « *Ubi tu Gaius, ego Gaia* », où tu seras Gaius, je serai Gaia…

Et n'est-elle pas belle cette histoire d'Attar de Neishapur intitulée : « *Qui suis-je ?* ».

L'amoureux frappa à la porte
de sa bien-aimée
« Qui est là ? » demanda la bien-aimée,
de l'intérieur.
« C'est moi ! » répondit l'amoureux.
Alors, va-t-en : nous ne pouvons pas tenir
tous les deux dans cette maison-ci »
L'amoureux repoussé s'en alla dans le désert.
Là, il s'abandonna à la méditation
pendant des mois, ressassant les paroles
de sa bien-aimée
Finalement, il vint frapper à nouveau à
la porte
« Qui est là ? »
« C'est toi. »

La porte s'ouvrit tout de suite.

Cet amour-là, met en branle toutes les ressources, toutes les énergies de l'humain, en même temps qu'il le révèle. Pensons à l'émotion sublime contenue dans le beau poème d'Aragon : Que serais-je sans toi ? :

« J'ai tout appris de toi pour ce qui me concerne
Comme on lit dans le ciel les étoiles lointaines
Comme au passant qui passe on reprend sa chanson
J'ai tout appris de toi jusqu'au sens du frisson
Qu'il fait jour à midi qu'un ciel peut être bleu…
Tu m'as pris par la main dans cet enfer moderne
où l'homme ne sait plus ce que c'est qu'être deux
Tu m'as pris par la main comme un amant heureux… »

Sans aucune prétention, disons maintenant que seuls ceux qui ont vraiment tenté d'aimer sincèrement pourront comprendre la suite de ce récit. Pour comprendre ce qui touche à l'intime, il faut parfois accepter de se déchausser et de marcher, peut-être, à reculons.

Bien sûr que je savais ce qu'était la prévention de la maladie, bien sûr que l'on m'avait demandé de me « *préserver* ». Plaçons-nous dans le climat psychologique de l'époque. Il y a seulement dix ans, il était presqu'impossible de considérer ces questions à froid. Elles avaient une connotation lourdement affective, passionnelle… On nageait en pleine terreur, en pleine rumeur.

Ne nous voilons pas la face. Aujourd'hui encore, voire à l'époque… tout le monde n'achetait pas des préservatifs comme on achète une boîte de *doliprane* ! Même si on se « *mêle de ses oignons* »… ! Pour l'opinion commune, c'était plutôt réservé aux vicieux ! À ceux qui menaient des vies pas très claires… On n'allait tout de même pas acheter cela en soutane !

J'avais un élève qui avait vu un autre aspect du problème et qui disait : « *On ne va pas à la douche avec un imperméable !* ». Qu'est-ce qu'on mettrait comme appréciation sur sa copie à celui-là : « *Aspect marginal par rapport au problème mais pas négligeable !* ». Des campagnes de prévention sont organisées en faveur des jeunes pour tenter d'endiguer chez eux le développement de l'épidémie. Les campagnes télévisées se font de plus en plus insistantes depuis le fameux « *le sida, il ne passera pas par moi* ». Mais répondent- elles véritablement aux attentes des populations ciblées ?. En tant que chef d'établissement, il m'a été donné de m'interroger sur la manière d'aborder cette question à l'école.

S'il est vrai que depuis quinze ans de grands progrès ont été réalisés en matière de traitement, au point que l'on puisse presque aborder cette pathologie en terme de maladie chronique, bien que toujours mortelle, il est urgent de se poser deux questions importantes : quelle image de la sexualité voulons-nous transmettre à nos jeunes ? Et quelles sont leurs attentes ?

Quelle que soit la diversité des croyances et des positionnements éthiques, il est évident que chez les jeunes, la demande dépasse la seule question de la protection, tout comme en matière d'éducation sexuelle, la demande dépasse la simple information fonctionnelle, physiologique du comment cela fonctionne...

Il serait démagogique de présenter une protection purement « *mécanique* », simplement « *hygiéniste* ». Comme s'il n'y avait pas, dans ce domaine, toute la charge de l'aspect existentiel, relationnel et éthique. Quand on tente de comprendre l'attente des jeunes, on se rend compte qu'on ne peut se cantonner au discours hygiéniste du « *tout préservatif* » ?

Combien même, le préservatif s'impose auprès de jeunes, ainsi qu'une information technique appropriée, il doit être à sa place, comme moyen de lutte d'urgence, ni brandi ni masqué, visible pour ce qu'il est, mais il ne peut être le « *tout* » du discours. On ne peut faire l'impasse de proposer des éléments de réflexion, des points de repères aux interrogations cruciales des jeunes : qu'est-ce qu'aimer et est-ce encore d'actualité ? Un discours moralisateur n'est pas de mise, il est voué, par avance, à l'échec.

La question n'est pas pour ou contre le préservatif ? Si l'on peut s'interroger sur la tendance au tout préservatif, on ne peut que comprendre que l'urgence réclame des chefs d'établissements, en accord avec les associations de parents d'élèves, qu'ils placent, à la portée des élèves, des distributeurs de préservatifs. Mais l'urgence de la lutte contre le sida ne doit pas pousser à reléguer à l'arrière-plan les questions fondamentales, de l'identité personnelle, de la responsabilité, du vivre ensemble, de l'intégration de la dimension du plaisir à l'intérieur d'une notion plus vaste de projet et d'une perception unificatrice de la personne humaine (l'homme n'est pas un corps ou une âme, mais il est son corps et son âme, vision holistique). En effet, nous sommes dans une société plus préoccupée, sous la pression de la culture de la libération sexuelle des années soixante-huit, de s'empresser de légitimer des comportements que de les interroger. On peut se demander, en fait, s'il s'agit de la promotion de certains comportements ou de l'expression d'une angoisse ?

Au départ, dans la prévention du sida, il s'agissait de répondre à la question comment ne pas se faire contaminer ? Mais la peur de la maladie comme repoussoir ne saurait tenir lieu d'éducation. Aujourd'hui, même si la préoccupation de la contamination est encore à l'ordre du jour, il s'agit également de répondre à la question : comment vivre avec le sida ?

On ne peut se satisfaire d'une information scientifique, technique qui alors ne ferait que masquer l'essentiel. La connaissance du fonctionnement ne saurait épuiser la question du sens et du désir.

Je me plaisais, avec mes élèves, en philo, lorsque nous abordions la notion de « *personne* » à tenter de leur faire appréhender qu'une personne renferme un mystère, quelque chose de transcendant qui dépasse ce que nous laisse toucher sa plastique, son immédiate corporéité.

Ou, lorsqu'en tant que chef d'établissement, l'on m'amenait quelque lycéen trop entreprenant, ayant tenté de

« *toucher* » la beauté d'une âme sœur en quête de révélation… je leur laissais entendre que si on entreprend de faire la connaissance d'une personne, avec un « *centimètre* » lové dans le regard, on en a rapidement fait le tour de taille ! Alors que ce qui est passionnant, ce qui fait le bonheur de cette quête infinie qu'est l'amour, c'est de ne pas tuer le désir. Ainsi l'autre n'est jamais épuisé et donc jamais relégué sur l'étagère des objets déjà vus, donc insignifiants, ni réduit à l'évaluation prosaïque de ses mensurations, comme l'animal sur le champ de foire, puisque chaque regard recrée l'autre à nouveau et le fait advenir comme nouveauté.

Cela vaut la peine de tenter de proposer au jeune de l'aider à mettre en forme des paroles libératrices, qu'il balbutie pour lui-même, de lui suggérer des horizons qu'il pressent quelque part ou qu'il recherche compulsivement et par tâtonnements aveugles. Il faut donc donner la priorité à la réflexion et à la véritable éducation, au-delà de la prévention.

Il ne faut pas demander au préservatif ce qu'il ne peut pas donner ni rétablir : un manque de communication, de cohésion familiale ou de repères éducatifs. Le préservatif peut rendre muet et démultiplier l'angoisse. Contrairement à ce que pourrait laisser croire une pseudo-libération des mœurs, on ne parle pas de sexualité dans n'importe quelles conditions. Dans ce domaine, les mots sont lourds, parfois absents et peuvent réveiller des histoires difficiles.

Parler de sexualité c'est faire référence à l'histoire personnelle, à sa famille, au fait que garçons et filles ne parlent pas de la même façon, c'est avoir du temps pour laisser émerger des interrogations.

Même si, pour les jeunes, c'est difficile, il faut oser ce qu'ils n'osent, ni n'ont tout simplement parfois pas les moyens d'exprimer. Il faut entrer avec eux dans une relation vraie, authentique où on les aide à baliser leur itinéraire affectif et sexué, à décrypter leurs émotions, leurs sensations et surtout les aider à intégrer le sens de la durée, dans leur relation, comme dans leur projet de vie, surtout quand on sait combien ils ont de l'amour généralement une vison déformée. N'ont-ils pas appris avec Cocteau que le verbe aimer est le plus difficile de la langue française à conjuguer, puisque « *son passé n'est jamais simple, son présent souvent imparfait et son futur toujours conditionnel !* ».

Si le long terme, la fidélité leur font peur, l'immédiateté, l'instant est encore pour eux plus angoissant. Ils ont donc besoin d'accompagnement pour enjamber l'intervalle et pour parfaire l'amour...

En dehors de l'impérialisme du « *tout préservatif* » allié perfide d'une sexualité de consommation et en dehors d'un moralisme irresponsable et sourd, il y a place pour une parole, pour une éducation à mettre en place, pour une écoute et un accompagnement.

Se préserver... passer sa vie, même si elle devait être brève et ce n'était pas un simple attirail de mardi gras... enrobé de latex (sous peine de mort)... ce n'était pas forcément la perspective la plus éblouissante ! L'absolu de la vie m'indiquait qu'il fallait préserver la vie et ne pas s'exposer, de façon suicidaire, par désespérance, mais ici il ne s'agissait en rien de cela.

Ce dont il était question, c'était bien de l'absolu de la vie mais qui se manifestait dans le fait que la vie de l'autre, de celle que j'aimais était en danger et donc prioritaire. Je ne pouvais rester sur la rive et épiloguer, constater. Je ne pouvais me livrer à un froid calcul de probabilité, je ne pouvais que m'engager, me risquer.

N'étions-nous pas alliés ? Plus que liés par contrat, et engagés dans un processus irréversible de solidarité pour affronter ensemble et la vie et la mort ? Nous étions engagés pour la vie donc jusqu'à la mort. C'est cela aimer : jusqu'à la mort ou mourir d'aimer…

C'est une voie dans laquelle on s'engage sans ménager ses arrières. Quand on aime, on ne construit pas de stratégies qui incorporent des plans de retraite, c'est une voie que l'on emprunte sans roue de secours.

Dans le cadre d'un simple rapport sexuel, s'il s'agit d'une passe, la question du préservatif peut prendre une connotation mineure, ayant instrumentalisé l'autre, l'évaluant et le réduisant à sa compatibilité à mes désirs, à sa performance et à sa rentabilité. Mais dans le cadre plus affirmé d'un véritable rapport amoureux et, en l'occurrence, en ce qui concerne le lien conjugal, il a une portée plus vaste que sa réduction à sa dimension basale, physiologique, celle du seul plaisir.

C'est pour cela que l'amour suppose que l'on s'engage à ne pas se fixer de conditions, de bornes et que l'on s'inscrive, avec détermination, dans la durée, hors de l'instant réducteur, fugace et stressant.

Difficile à entendre pour notre époque où tout engagement aussi volontaire qu'il soit, les notions de fidélité, de constance, de durée sont perçues comme une castration, comme une aliénation préjudiciable à ce qui est entrevu comme une joyeuse et authentique itinérance, comme une entrave au nomadisme du désir, du plaisir souverain délivré de toute pesanteur pénitentiaire.

La vraie fidélité, ce me semble, n'est pas celle qui consiste à s'essayer ou à essayer l'autre (l'honneur, n'est-il pas sauf…, puisque l'on garantit au moins qu'il n'y a pas de tentative d'essayages simultanés ?). En toute candeur, en toute innocence, on avertit que l'on se réserve la possibilité de mettre les voiles, si l'on trouve mieux… en poussant la politesse (l'art du préavis), la civilité, l'élégance… après tout nous ne sommes plus des sauvages ! Le manuel du divorce en douceur se trouve dans toutes les bonnes librairies, jusqu'à prévenir l'autre que, puisque l'expérience n'est pas concluante… « *à ce jour* », on se voit dans l'obligation pour raison d' » *authenticité* »… d'y mettre un terme.

Comme si un tel « *démariage* », un tel « *désamour* » pouvait se faire à l'amiable, sans amour et sans haine. À moins que, comme le laisse entendre Gilbert Bécaut, dans une de ses chansons, la nouvelle mélodie du bonheur, désormais absent, soit la plus parfaite « *indifférence* ». « *On ne règle à l'amiable que ce que l'on règle sans s'aimer* ». C'est avec l'encre de ses sanglots que Françoise Chandernagor nous raconte, dans son roman si poignant, *La première épouse*, combien est cruelle la mise à l'écart, la mise à mort de l'autre dans un couple qui se délie.

Se préserver… Quel mot honni. Se préserver pendant près de quinze ans, de qui, de quoi ? Il eut été préférable de franchir la porte qui m'était ouverte, lorsque ma femme, celle qui m'aimait si tendrement, dans un élan de générosité, de lucidité souffrante, avec ce regard si fascinant de douceur, qui chaque fois qu'il se posait sur moi me donnait une vue plongeante sur son cœur généreux, m'enjoignait, m'implorait de partir et de l'oublier.

Se protéger de la maladie n'était-ce pas se protéger de (contre) sa femme, porteuse de la maladie. N'était-ce pas lui rappeler, nous rappeler, qu'elle était porteuse de mort, donc dangereuse ? N'était-ce pas l'exclure, quelque part, la tenir à distance « *raisonnable* » ?

C'était mettre en place des mouvements antagoniques. C'était aller contre, alors que l'on s'efforçait d'aller vers. C'était se désengager alors que l'on désirait, tout au contraire, de toute son âme, étreindre, atteindre, déchirer un à un tous les voiles jusqu'à l'éblouissante vérité.

Ce geste sacré, qui permet la communion la plus intime de deux êtres, qui permet de transcender même la barrière du langage amoureux le plus subtil, bute sur ce signe dressé, érigé en obstacle et en lugubre rappel ; point de futur, pas de projet, pas d'avenir… la mort !

Ce geste n'est pas indifférent, ce n'est pas une simple affaire de tuyauterie, de plomberie, simple exercice de santé, ou petite distraction pour couple désœuvré. Ainsi que le signalait Marie Noël dans *Chants de la merci* « *Ce n'est pas un travail vite fait que d'aimer* ». Gare à l'amant maladroit qui laissera l'autre, songeur, indécis, anxieux, perdu entre deux rives : *« tu m'aimes où tu me désires ? »*… Ce geste met en jeu l'être tout entier de la personne dans sa totalité. Il a un rapport étroit avec le temps, en terme de fidélité et de désir de durer toujours.

Marie-José Ali, d'une voie sensuelle, dans sa chanson « *caréssé moin* » que d'aucuns jugent par trop sulfureuse, met à nu, avec son refrain ruisselant de désir, de passion et de tendresse, son besoin de l'autre, s'adressant à l'homme, à l'amant qu'elle supplie, éperdue, de la combler de ses caresses et de sa tendresse.

Ne faudrait-il pas surtout entendre dans cette mélopée du désir, la demande un peu désespérée, le cri, la supplique incantatoire s'élevant jusqu'au délire, dans le paroxysme, dans l'acmé de l'attente impatiente d'une femme à la recherche d'un amour profond ?

Ne s'agit-il pas là, au fait, de la recherche, d'une quête de l'autre, du besoin d'être investi totalement par l'être aimé et de jouir pleinement de sa capacité à répondre, à combler cette béance d'amour ?

Ne serait-ce pas la recherche assoiffée, à fleur de peau, d'un assouvissement de ce besoin de présence, que seule la sensibilité, le désir de tendresse d'une femme amoureuse peut susciter ? Cependant le couple qui veut survivre, ne peut se satisfaire de l'empoignade du seul désir. Celui-ci doit s'inclure dans un cercle plus vaste qui l'incorpore, celui de l'amour.

Mais qu'en est-il alors quand cette étreinte appelle de tous ses vœux un voile pudique d'éternité et que c'est la mort, la séparation, la brisure qui pose son étendard ? C'est vrai qu'à « *défaut de merle il vaudrait mieux manger des grives* » et si c'est tout ce qui reste comme moyen d'expression, mieux vaut cela que rien.

Oui ! on en a fait un jeu, il a bien fallu jouer à se préserver et pour de bon (parce que ce n'était pas un jeu... innocent... plutôt à la limite de l'interdit...) c'est ce qu'exige la raison, c'est ce que je proclame en tant que responsable, mais peut - on toujours quand on est engagé (les enfants le disent bien dans leurs ritournelles « *bien donné, c'est bien donné, reprendre c'est voler...* »), jouer à faire semblant, n'est-on pas amené à ranger le jeu (ce jeu impossible, aux terribles enjeux) quelques fois, pour aimer, pour s'aimer pour de vrai, loin de tout sinistre rappel et d'affligeantes et angoissantes frontières ?

Il faut compter avec les ruses du psychisme humain (les ruses de la raison) qui n'en rate pas une pour vous rappeler son origine divine et que l'être humain ne peut se contenter, jour après jour, de l'à-peu-près, quand il est justement en quête d'absolu, d'authenticité.

C'est dans cette quête du vrai qu'apparaissent la beauté, la passion, la sensualité, le plaisir, tous les émerveillements, tous les transports et l'authenticité du bonheur. C'est peut-être un peu cela que d'aimer à mort... jusqu'à ce que celle-ci sépare ou réunisse.

Toute autre voie, à mon sens, n'est qu'un raccourci vers une consommation égoïste, triste, solitaire, solipsiste, immédiate, réductrice de ce qu'il y a d'humain et de divin en l'homme, frétillement désespérant de caniche au regard de l'infini. Une activité excitante mais vide de sens, qui devient compulsive et énervante à force de rechercher le sens perdu, égaré. Elle devient une activité qui se mord la queue et qui ne mène donc nulle part, en tous cas pas au bonheur escompté et subodoré.

Chapitre X

À la dérive, aspiré, broyé par la spirale de la souffrance

J'étais épuisé, je n'en pouvais plus, cela faisait trois semaines que je ne m'alimentais plus convenablement, je ne gardais non plus aucune nourriture, mon état immunitaire chutant ostensiblement. J'appris par la suite que mes lymphocytes T4, gardiens du système immunitaire, qui lorsqu'ils avoisinent les 500 sont déjà l'indication d'un système immunitaire compromis, variaient entre 40 et 50.

Je sentais que je ne pourrais pas tenir longtemps encore ainsi. Colette venait de commencer sa trithérapie. Bientôt, si les choses continuaient comme cela, je ne pourrais plus me déplacer, prendre soin de moi-même, j'avais énormément maigri. Je dis à Colette : « *On ne peut plus tenir. Il faut qu'on aille à l'hôpital !* ».

Comme dans le jeu de la bataille navale j'étais « *touché, coulé* ».

Passer Noël, le Nouvel An à l'hôpital, quelle horreur !

Je la fis admettre d'urgence, le soir même et le lendemain, je fus conduit également à l'hôpital. Nous étions dans des chambres voisines. J'étais épuisé et groggy par les médicaments et les calmants, j'étais sous perfusion. Après quelques jours de récupération, j'essayai de me traîner dans la chambre d'à côté.

Je lui fis porter des fleurs et nous nous souhaitâmes une bonne année, malgré tout.

Colette parvenait à s'asseoir de temps en temps, je lui tenais la main, nous priions puis j'allais me reposer. Cela dura une dizaine de jours, puis un soir, je l'entendis gémir, le lendemain je vis qu'elle n'était pas très bien, comme somnolente. Vers midi, le chef de service entra dans ma chambre. Comme il était déjà passé le matin, je crus que c'était pour un complément d'informations. Mais il s'assit au bord de mon lit et me dit peiné : « *Il s'agit de votre épouse. Cela s'est passé très vite, il a dû se passer quelque chose. C'est fini, elle nous a quittés !* ». Et comme je ne semblais pas comprendre, il me dit : « *Elle est morte, on l'a préparée. Vous pouvez venir la voir à côté* ». Je ne répondis rien, mais il pût lire dans mes yeux une détresse insondable et de sombres desseins. Il dut en être impressionné et l'eût été davantage s'il avait su qu'il ne s'était pas trompé. Il me dit : « *Tenez bon, ressaisissez-vous, pensez à vos enfants, ils ont besoin de vous* ».

J'avais chanté et prié avec elle le matin, bien qu'elle ait été trop faible pour réagir. Je m'assis près d'elle, embrassai ses yeux clos, lui tint la main et ne bougeai plus. J'étais anesthésié. La douleur, cette tristesse sans nom, sans visage, la traîtresse, celle qui vous ravage, celle qui vous broie, celle qui ne vous laisse de repos ni jour ni nuit, celle qui vous embarque pour un voyage sans retour, celle qui, lorsqu'elle a décidé de devenir votre compagne vous fait chavirer, était venue me harceler. Souhaitant emménager, elle avait décidé de s'installer ; présence encombrante, variant ses tourments et ses masques, jour après jour.

Pour l'heure, la meilleure moitié de moi-même ne répondait plus, celle qui avait toujours la répartie si vive et qui aimait tant à se blottir tout contre moi et qui savait toujours inventer une espièglerie pour me faire rire, se tenait immobile, une mèche de ses cheveux venant caresser sa bouche qui ne riait plus aux éclats. Elle reposait comme un ange dans sa beauté funèbre.

J'étais habitué à un sommeil plus vivant, comme lorsqu'elle s'endormait près de moi après que je lui eusse fait la lecture de son choix, heureuse, apaisée, comme mes enfants après qu'ils avaient eu leur histoire. Alors, quand je m'arrêtais de lire, elle ouvrait lentement les yeux et me demandait : « *Pourquoi tu t'arrêtes* ? »

– « *Mais tu dors,* lui répondais-je, *une lecture, c'est fait pour être écouté !* »

– « *Ca ne fait rien, lis quand même, j'aime entendre le son de ta voix !* »

– « *Qu'est-ce qu'elle a ma voix ?* »

Elle me répondait simplement dans un souffle, en arrangeant bien les couvertures... « *Continue* » et ne tardait pas à se rendormir.

Et moi, cela m'amusait et m'impressionnait de produire tant d'effet... Etait-ce comme la voix du « *Bien-Aimé* » dans le » *Cantique des Cantiques* » ou plutôt les effets soporifiques !

La lecture, quel régal ! Comme l'a dit Christian Bobin,

« Celui qui est sans argent manque de tout.

Celui qui est sans lecture manque du manque ».

Nous partagions souvent nos textes, nos trouvailles, la nuit se laissait allègrement entamer par nos discussions, nos accords, nos désaccords, nos thèses, nos antithèses. Quand elle préparait ses examens et qu'il lui arrivait d'être fatiguée, elle me demandait, à l'occasion, de lui lire ses cours. Elle avait gardé l'habitude que je lui fasse la lecture.

En ce moment, ma vie auprès d'elle pendant toutes ces années défilait... Non, je ne regrettais rien de ces années vécues jusqu'à ras bord, jusqu'à plus soif. Elle s'en allait jeune et belle, elle m'avait tout donné, nous avions tout partagé. La vie c'est quand on a fini de la vivre que l'on se rend vraiment compte de ce qui est important. Que faut-il préférer ? Est-ce la durée ou la qualité de la vie ? Mais qu'est-ce que l'une sans l'autre ? En fait, ce qui serait important, ne serait-ce pas tout simplement d'avoir trouvé un sens à l'existence ?

La mort devrait-elle nous étonner alors que l'on sait d'emblée qu'elle fait partie des règles du jeu de la vie. « *Dès qu'un homme naît, il est assez vieux pour mourir* » disait le sage et pourtant cette intruse est toujours horrible, hideuse et insupportable. Cela devrait nous laisser entendre que l'on n'était pas fait pour subir cet outrage, qui demeure, quoi qu'on fasse, une tragique issue et ceci malgré toutes les rationalisations que l'on peut produire.

« *Mourir maintenant ou demain* », « *va où tu veux, meurs où tu dois* », après tout, l'essentiel n'est-il pas d'avoir le sentiment d'avoir réalisé ce que l'on devait, aujourd'hui ? D'avoir « *mené sa barque* » comme aimait à le dire une très aimable assistante sociale de l'hôpital, selon des principes librement choisis, acceptés ?

Ceux qui font de l'ici et maintenant un absolu ne risquent-ils pas de passer à côté de cette conception de la vie, à mon sens plus acceptable et qui ne relativise en rien cette vie présente, au contraire, que l'on veut pleine, longue et belle, mais qui lui donne sens grâce à la perspective de la foi, qui la fait commencer ici, maintenant et déboucher sur l'éternité ?

Nous avions vécu l'extrême, repoussant chaque jour nos limites. Nous enfonçant toujours plus, aventuriers tenaces, sur ce continent merveilleux à défricher, celui de l'amour, celui de la vie.

Nous pouvions tout tenter ensemble, tout nous dire. Lorsque nous nous réfugiions dans notre chambre, les enfants un peu jaloux disaient, en allant se coucher en riant, « *Ils ont toujours des secrets ces deux-là* ». Nous pouvions bouder, nous fâcher, nous « *faire la gueule* », ramer à contre courant des défauts de nos qualités, aller jusqu'au paroxysme de nos divergences, nous demeurions d'accord sur une chose, dans nos désaccords : c'est que nous savions que rien ne parviendrait à nous séparer et nos échanges, nos partages se nourrissaient, baignaient comme des poissons en rade, à l'abri des courants, dans ce rassurant et merveilleux confort de certitude et de confiance.

Qu'il est stimulant de pouvoir porter à ses lèvres cet élixir, cet amour aux risques multiples, décuplant les possibles mais paradoxalement garanti de tous risques, par la puissance même de cet amour. Combien malheureusement sont restés à l'orée de la forêt magique, aux frontières de la *Canaan* parce que comme l'a dit le poète, parfois

> « *Rire c'est risquer d'apparaître fou, pleurer c'est risquer d'apparaître sentimental. Tendre la main vers l'autre c'est risquer de se retrouver lié. Exposer ses sentiments c'est risquer de se retrouver à nu. Présenter ses idées, ses rêves, devant l'autre c'est risquer de les voir anéantir.*
>
> *Aimer c'est risquer de ne pas être aimé en retour, vivre c'est risquer de mourir. Espérer c'est risquer d'être déçu. Essayer c'est risquer d'échouer. Mais des risques doivent être pris parce que le plus grand danger dans la vie c'est de ne rien risquer.*
>
> *Celui qui ne risque rien ne fait rien, n'a rien, n'est rien. On peut s'épargner la souffrance et le chagrin mais on ne peut apprendre, changer, grandir, aimer, vivre, sans prendre de risques. Enchaîné par des certitudes, on est esclave, on a renoncé à sa liberté. Seule une personne qui prend des risques est libre* ».

Comme elle est vraie cette maxime de St. Augustin « *aime et fais ce que tu veux* ». Cette confiance qu'elle me faisait, en abandonnant entre mes mains sa possibilité d'être heureuse, cet abandon réciproque m'avait permis d'arpenter, avec émerveillement, toute la beauté et la profondeur de ce palpitant cœur à cœur.

J'étais là à lui tenir la main, cette main si expressive qui savait encore parler et chuchoter même lorsqu'elle se taisait. Cela datait de nos vingt ans, nous en avions gardé l'habitude et nous nous donnions la main lors de nos ballades, en faisant les courses, même si cela faisait parfois s'écarquiller certains regards, elles se rencontraient, s'oubliaient, se communiquaient ce que nos cœurs contenaient avec peine. Pourquoi les convenances devraient-elle accepter de n'avoir sous les yeux que les brisures, les déchirures, le mal-amour, les désamours ?

Mon frère entra, il était déjà au courant, il me tint par l'épaule et ne put réprimer son émotion. Il fallait prévenir et ménager les enfants. Je les fis venir et leur expliquai combien leur maman les aimait tous énormément, comment on était bien tous ensemble, mais que Dieu, qui connaît toutes choses, permettait qu'elle aille se reposer.

À de nombreuses reprises, à la maison, nous avions eu l'occasion d'évoquer l'issue potentiellement fatale de la maladie, sans nous appesantir outre mesure sur les détails de celle-ci. Ils savaient que le pire pouvait survenir. Leur maman, avec laquelle ils vivaient continuellement, avait sa manière bien à elle de le leur dire et de les préparer. Je dus les consoler, après quoi je les accompagnai jusqu'à la chambre de leur maman, pour un dernier baiser.

Je tins à gérer personnellement les moindres détails des funérailles. Ma chambre se transforma, avec la compréhension des infirmières, en quartier général. Appels aux familles en Métropole, aux amis, rédaction des communiqués. Les médecins ne voulaient pas me laisser sortir, car ils craignaient, à bon droit, de me voir hypothéquer mes chances de récupération, j'étais vraiment mal fichu.

Il était pour moi impensable, même s'il me fallait ramper, de ne pas accompagner Colette jusqu'à son lieu de repos. Devant mon insistance, ils m'accordèrent quelques heures, juste pour la cérémonie. Les enfants interprétèrent deux morceaux instrumentaux, en hommage à leur mère, qui les avait initiés au solfège et aux instruments : les filles au violon, les garçons à la clarinette et au piano.

Je ne voulais pas d'une cérémonie sombre, mais sereine, pleine de foi et d'espérance comme l'était Colette. Jean-Claude, mon ami et collègue, sut, dans son message, nous rappeler l'amour de Dieu à travers l'expérience bouleversante de Job.

Encadré et soutenu par mon beau-frère et un ami infirmier, pour m'empêcher de tituber et de tomber, car j'avais de la difficulté à marcher, j'assistai au service funèbre et fus conduit au cimetière. Alors que je me traînais péniblement dans l'allée bordée d'excavations, je me souvins que le lendemain était le jour de mon anniversaire. Elle serait là pour me réveiller, comme elle le faisait spécialement ces jours-là et m'offrir, pour irradier ce jour tout neuf, sa plus profonde tendresse. Certainement, elle reviendrait, demain elle serait là, elle avait toujours été là.

Mais moi, que faisais-je ici, en ces lieux ? Tout cela était tellement étrange.

Avant de retourner à l'hôpital, nous nous arrêtâmes chez mon frère, pour un petit goûter pour les enfants et leurs cousins, afin que la soirée fût moins pesante. La mort n'est pas la fin de tout, pour le chrétien. On avait porté leur maman en terre mais nous avions l'espoir de la revoir bientôt.

Dors en paix mon ange, nos cœurs continuent à battre à l'unisson, car notre amour est plus fort que la mort.

De retour à l'hôpital, les infirmières me proposèrent des sédatifs pour la nuit, mais je leur assurai que cela ne serait pas nécessaire. Allait-on commencer à me dépouiller, même de ma peine ?

Je rencontrai à cette occasion, un personnel soignant plein de prévenance et d'humanité. Je demeurai pratiquement deux mois à l'hôpital, les enfants, qui venaient me voir, me manquaient terriblement.

Qu'elle est belle et touchante cette insouciance de l'enfance, cette confiance en la vie. Mon petit garçon venait me voir. C'était pour lui un enchantement de pouvoir s'emparer de la manette et de manœuvrer mon lit spécial, dans tous les sens, comme il le faisait de sa voiture téléguidée. Au moment où je m'y attendais le moins, je me retrouvais au plafond. Malgré mes injonctions, j'étais à sa merci, j'étais devenu son nouveau yo-yo.

Qu'elle est belle l'enfance, cette disposition à s'étonner, à s'émerveiller de tout. Qu'elle est fragile aussi, un rien, un drame soudain peut faire vaciller la flamme de l'espérance et du bonheur. Il n'y a rien de mieux qu'un homme puisse faire pour son enfant et pour la femme qu'il aime que d'aimer la mère de son enfant.

Toute la Bible, de l'Ancien au Nouveau Testament, met l'accent sur la valeur que représente l'enfant et, particulièrement le Nouveau Testament, par les paroles mêmes de Jésus qui nous invitent à retrouver en nous, adultes, la fraîcheur, la disponibilité et toutes les bonnes dispositions de l'enfant (Matthieu 18 : 3).

L'enfant représente ce qu'il y a de plus sacré, au sein d'une société qui ne désespère pas d'elle-même et qui prétend être gouvernée par des valeurs dynamiques, positives et de vie. Il n'est pas étonnant alors de trouver toujours dans le même Évangile, quelques lignes plus loin, cette sévère mise en garde de Jésus contre tous ceux qui pourraient *scandaliser* (Marc 9 : 42) un enfant (ici sont visés tous les abus, toutes les agressions, toutes les atteintes portées à l'intégrité des plus faibles). C'est l'une des exigences les plus explicites, située au cœur des Évangiles.

Il est intéressant et peut être significatif de noter que cette péricope sur le fait de « *heurter* » un enfant, un faible, se trouve encadrée dans l'évangile de Marc entre la question de l'humilité (donc du pardon) et celle du divorce.

Notre société, sous les coups de boutoirs du changement des mœurs et de l'intrusion de modèles en porte à faux, oublie parfois douloureusement ce qui est un des « *poteaux mitan* » (pilier principal) de toute société viable : le respect de l'enfant.

Ne sommes-nous pas devenus impudiques (il ne s'agit pas forcément de sexualité), nous arrogeant, au nom d'une certaine liberté, le droit de tout dire, de tout montrer, de tout faire n'importe quand, n'importe où et devant n'importe qui ?

Avons-nous, sous prétexte d'authenticité, à exposer devant l'enfant nos déchirures, nos errements ? La pudeur, le respect de cet être innocent ne devrait-il pas nous pousser à trouver les arrangements, les *modus vivendi* qui lui permettent d'être épargné ?

Parvient-on encore à sauvegarder cette sphère sacrée, protégée, intime, où le petit d'homme se construit, au rythme propre à l'enfance, celui qui devrait le mener sur le chemin de la maturité, de l'autonomie, de la responsabilité et de l'ouverture possible au divin.

Alors que notre société s'arroge ainsi, dans un espace sans limite, sans plus guère d'interdits, le droit de manipuler, hors toute éthique, l'âme d'innocents privés d'enfance, captifs des fantasmes sans frontière du monde des adultes, il est donc opportun de rappeler que tout voir n'est plus réellement voir, tout entendre n'est plus réellement entendre.

C'est sur la méditation de ces valeurs qu'impose la raison et que connote l'Évangile qu'attiraient à ma réflexion les jeux espiègles de mon petit garçon.

Enfin je pus quitter l'hôpital. Arrivé à la maison, je fus submergé par une douleur qui ne devait plus me quitter. Dans la maison vide, résonnait sa voix chaleureuse, quand elle aimait s'essayer à l'occasion de ses exercices de chants à la belle chanson de Solveig. Le fauteuil où elle s'asseyait d'habitude semblait occupé, son couvert semblait l'attendre, son serre-tête, posé sur la commode, n'enserrerait plus jamais ses cheveux que mon petit garçon aimait à emmêler. En mon absence, mes parents avaient bien tenté de dissimuler, de ranger certaines affaires, en prévision de mon retour. Fallait-il tout jeter, tout changer. Fallait-il changer d'appartement, fuir ? Mais comment fuir cette douleur, comment fuir son ombre, elle vous rattraperait toujours. En entrant dans notre chambre, face au grand miroir, je réalisais que je serais maintenant seul, qu'elle ne serait plus près de moi.

Plus personne pour me courir après et me forcer à avaler mon petit déjeuner, plus personne pour me forcer à lustrer mes chaussures, parce qu'à son avis « *il était impensable que je sorte dans la rue comme ça* ! »... ces petits rien de la vie qui font le tout de l'existence. Plus personne pour m'entraîner dans ces fous rires dont nous mettions longtemps à nous demander la cause.

Plus personne pour jubiler avec moi à la découverte d'un texte, d'une idée, d'une réflexion intéressante. Je ne l'avais pourtant pas perdue puisqu'elle allait m'être redonnée, ce jour viendrait. C'est moi, pour l'instant qui étais éperdu. Perdus les repères, devant ce lit désormais immense, trop grand... étendue dérisoire qui me donnait maintenant le vertige.

Du coup, je sus que le moment tant redouté était venu. Elle m'avait quitté, pour être plus présente autrement. Comment vouliez-vous qu'elle me quittât en réalité ?

L'absente et l'absence se feraient toujours plus présentes. Je sentais que désormais elle serait encore plus proche. Je n'aurais même pas besoin de la pellicule qui en immortalisant l'instant fige le réel. Sur l'écran de mes paupières closes, je pouvais tout revivre, tout s'animait, je pouvais la voir, la toucher, elle serait toujours là. Le cœur de celui qui aime n'est-il pas le meilleur coffre-fort, la cachette la plus adéquate, le lieu le plus sûr pour receler un tel trésor ?

La toile qui avait été tissée pendant tant d'années, on ne pouvait en défaire le fil, celui-ci ne pouvait refaire pelote. Ce « *nous* » voulu de nous deux existe, est devenu histoire. Volontairement, patiemment recherché, nos « *je* » ont fait émerger ce « *nous* » dont je suis désormais responsable de l'existence, de la perpétuation.

Je savais que les larmes avaient un goût de sel (l'encre déversée sur ce papier, formant ces mots n'en étant qu'une autre métaphore...) mais je ne savais pas encore que l'être humain pouvait contenir un tel océan de tristesse.

« *O Dieu, tu as compté toutes mes journées d'errance et, dans ton vase, (ton outre) Tu as recueilli mes larmes...* », Ps. 56 : 9.

Il ne fallait surtout pas que les enfants s'en aperçoivent... non, pas devant eux. Je ne voulais pas qu'ils soient submergés eux aussi par des vagues de tristesse. Mes dernières énergies se consumaient à me montrer aussi serein que possible devant eux.

Qu'il m'était difficile de supporter cette exubérance naturelle, leurs farandoles, leurs cris de joie, leurs batailles. Je m'en réjouissais cependant. Au fond c'étaient eux qui avaient raison, même si cette vitalité débordante m'écorchait. Comme aimait à le dire feu ma grand -mère « *la ké zandoli toujou ké débat* » (le lézard meurt, toujours sa queue gardera vie).

Mes parents ne disaient rien. Pendant des mois ils ne m'ont jamais sollicité, respectant avec patience ma douleur et mon silence. Je sentais qu'ils souffraient autant que moi. Généralement, un arbre pourrit par ses racines, les pauvres... ! Ils ont l'angoisse de voir dépérir leur ramure.

Ils déployaient des trésors d'imagination pour me rendre la vie plus facile. Je savais que mon mutisme était une ingratitude face à tant de dévouement, mais j'avais perdu l'usage de la parole, je ne pouvais plus communiquer. Je me retrouvais aux portes de l'autisme, emmuré malgré moi. J'aurais souhaité être dans un ailleurs lointain, hors d'atteinte. Combien Shakespeare disait vrai : « *Le chagrin dissimulé comme four bouché réduit le cœur en cendres, là où il se tient* ».

Les moindres gestes de l'existence m'étaient insupportables. Les rares coups de fils de ceux qui osaient s'aventurer jusqu'à moi me faisaient plaisir, en même temps qu'ils me ravageaient. Je ne souhaitais ni ne pouvais guère m'exprimer. Comment dire l'indicible ? Que pouvaient-ils comprendre ? Qu'est-ce que je pouvais moi-même comprendre…

Qu'elle est grande l'ingratitude de celui qui est enferré, enfermé dans son insupportable douleur.

J'étais terrassé. La douleur vous échoue comme un naufrageur et vous abandonne sur une berge inconnue d'où l'ami, le frère, l'âme compatissante vous hèlent, vous font signe, agitent le sémaphore, mais vous êtes malheureusement sur une rive que ni la sympathie, ni l'empathie les plus sincères et les plus profondes, ne peuvent franchir. Vous demeurez là-bas, irrémédiablement, hors de portée, ballotté par la tempête. Elle est totalement vôtre, ses accents sont pour vous tout seul, ils vous sont dédiés. Elle gronde pour vous, en exclusivité, tout comme un disque que l'on aurait posé sur la platine pour votre strict plaisir personnel. C'est ça la vie, cette vie que l'on doit téter tout seul à la mamelle ; personne ne peut le faire à votre place. C'est peut-être ça la « *sombre vallée* » ou le plus téméraire tremble d'effroi et succomberait si, dans cette nuit, ne se dévoilait pour celui qui l'aperçoit, la présence d'un Dieu secourable.

Pourtant j'en avais vécu des drames préparatoires. Je n'avais du reste vécu pratiquement que cela. Chaque round était un peu plus meurtrier. Cette fois j'étais K.O. debout. J'étais là, travaillé au corps, acculé dans les cordes, incapable de réagir, en train de me laisser achever. Un véritable massacre. Si je m'en sortais, ce serait sauvé par le gong. Mais quel arbitre, pour l'heure, par pitié déciderait d'arrêter le massacre ?

J'avais eu l'occasion d'envisager, d'appréhender, tout au long de la traversée, ce que pourrait être le terminus. On en avait longuement parlé Colette et moi, mais toujours notre désir de triompher prenait le dessus. Je ne peux pas dire que j'aie été pris de court. Nous avions eu des années pour envisager ce qui nous arrivait maintenant, ce qui était virtuel, potentiel était simplement devenu réalité.

J'avais eu l'occasion de répéter mentalement des scenarii catastrophes mais toujours le doigt de l'espoir venait prestement tourner la page.

Je n'avais pas fait l'autruche. Honnêtement, j'avais lu à propos de l'accompagnement des personnes en fin de vie, à propos de la souffrance. Je m'étais sérieusement documenté sur la maladie. Ma réflexion n'avait pu s'empêcher de survoler les thèmes se référant aux « *fins dernières* ». Comme l'étudiant qui se présente à l'examen, je savais, non seulement que la matière était au programme, mais que le sujet avait de grandes chances de « *tomber* ». Sans joie, sans grand enthousiasme mais consciencieux, j'avais *bûché* la matière.

Très tôt, nous avons su que notre magnifique paquebot avait des chances de rencontrer un iceberg fatal, aussi nous connaissions la partition du désormais célèbre hymne de circonstance, « *Nearer my God to Thee* ».

Les parents qui veulent épargner à leur enfant de connaître absolument la souffrance et qui leur permettent d'habiter le monde virtuel de la facilité, croyant ainsi les aimer, ne font que leur préparer d'amères désillusions et, un beau jour, ils ne peuvent empêcher l'enfant de s'écrier, car la vérité sortira de sa bouche, alors que tout le monde feindra de regarder ailleurs : « *le roi est nu* ! ».

On doit les préparer à rencontrer l'adversité afin que si d'aventure, ils la rencontrent à un détour de leur chemin, ils aient des ressources pour poursuivre leur route. On ne sait jamais... Car lorsque la douleur fond sur sa victime comme l'aigle sur sa proie, il est bien trop tard pour réfléchir, pour bâtir sa stratégie.

Il faut réfléchir avant, car dans les brumes du découragement et de la débâcle ce sont les notions préalablement étudiées qui serviront de balises, de phare, afin de ne pas peiner sans consolation, tâtonnant dans la désolation. Heureusement, je connaissais ma leçon et pourtant...

Dieu n'est pas l'auteur du mal. Le diable, qui a souvent bon dos, n'est même pas toujours directement l'auteur de notre souffrance (d'ici à avoir quelque sympathie pour lui...). Il y a des lois naturelles qui régissent notre monde matériel, qui, lorsqu'elles sont ignorées ou enfreintes, produisent la douleur.

Il faut reconnaître que nous sommes dans un monde qui n'est pas garanti tous risques : l'accident est toujours possible, même si ce n'est pas toujours la faute à « *pas d'chance* ». Nous sommes bénéficiaires ou victimes de nos solidarités, de nos interdépendances. Nous souffrons également parce que nous agissons, notre liberté est à l'origine de nos souffrances.

Sans parler de l'ignorance (d'où l'importance du savoir pour la sagesse Antique), de la faute morale et du péché, lourds de conséquences. C'est là notre condition humaine et nous n'y pouvons rien. Ne pas le reconnaître, c'est s'exposer à de plus grandes souffrances encore. Pour ceux qui y croient, sagesse, prudence, respect des lois, sont les maîtres mots en attendant d'être affranchis de la menace permanente due à la présence constante de l'ombre attachée à la lumière, tant que nous serons dans ce que l'Écriture appelle « *l'économie du péché* », qui sévit dans ce « *présent siècle* ». Les oiseaux ne se cachent-ils pour mourir ? Les animaux ne se camouflent-ils pas pour effectuer leur mue ?

J'avais besoin de silence pour goûter ma douleur, pour l'apprivoiser, la digérer, la bercer et l'endormir, pour tenter de la comprendre, de la prendre avec moi, de la porter, comme l'on se sert, dans les arts martiaux, de la force de l'adversaire pour rétablir à son profit un déséquilibre. L'absence, la terrible absence, entamait son œuvre lancinante et dévastatrice.

J'eusse tant souhaité qu'elle eût la vie sauve pour elle, pour moi et surtout pour les enfants, que cette petite lumière dans ce monde souvent trop sombre reste allumée, même vacillante. J'étais prêt à tout pour cela, j'aurais donné mon sang (quelle terrible expression...). Je le lui avais dit *« si je pouvait prendre ta place, tu es la meilleure part de moi-même, c'est si injuste »*.

Mais quand j'endure cette survie, je ne lui souhaiterais pas de l'assumer... en fait que choisir ? J'étais atteint du syndrome bien connu chez ceux qui survivent à de terribles épreuves alors que leurs compagnons d'infortune connaissent une issue fatale.

Le chagrin m'avait dénudé et laissé les chairs à vif, je souffrais, j'agonisais, j'avais mal à ma moitié, la meilleure part de moi-même qui m'avait été ravie, comme certains amputés qui souffrent encore par-delà le moignon de leur membre absent.

Et c'est sur ce tas pantelant de misères que venaient se pencher avec commisération, avec inquiétude ceux qui, à leur insu, voulant bien faire (mais que faire en la circonstance ?), provoquaient parfois des avalanches, des raz de marée et que j'appelais les *pilleurs de chagrin.* Ce singulier et triste festin de la souffrance n'a irrémédiablement qu'un couvert.

Il ne s'agit pas de ressasser sans fin sa peine, dans une délectation morbide, de jouer à la victime inconsolable, en sollicitant des regards compatissants. D'ailleurs, on ne lui commande pas, la douleur s'impose et c'est elle qui indique quand elle a fini son numéro. Elle se déploie selon son propre cycle, elle s'élève en volutes, s'épuisant d'elle-même et vous n'en êtes que le théâtre. Il ne faut surtout pas la contrarier, la réprimer ; elle réserverait alors bien des surprises, surgissant au moment et là où on l'attend le moins, ne serait-ce qu'au détour d'une surprenante somatisation. Elle ne demande qu'à être comprise, acceptée en tant que telle, en tant que réalité humaine.

Notre société sait de moins en moins composer avec la douleur, la mort et ses manifestations. Loin de laisser les mortels que nous sommes confronter cette réalité qui nous cerne et qui nous concerne, qui nous presse et qui nous oppresse, elle tend à la refouler hors de nos territoires psychiques. On le voit fort bien quand on se rend compte, comme l'ont fait remarquer fort à propos certains psychologues, que la fameuse *poupée Barbie* qui, depuis des décennies, accompagne et meuble les fantasmes de générations de petites filles, n'a pas de nombril.

Autrement dit, la tentation est grande pour les enfants de s'identifier avec des créatures sans passé (sans naissance) ni devenir (occultation de la mort) bien précis. Des êtres entièrement lisses et dont la symbolique imaginaire fait violence à la réalité de ceux qui les manipulent.

La mort est *persona non grata*, cela peut se comprendre, mais que la pensée même de la mort soit ainsi pourchassée, déboutée et expulsée de notre horizon mental, est certainement le plus grand aveu de notre vulnérabilité . Notre société s'organise pour tenter de tenir la mort en respect. Elle la réprime, la méprise ou la fuit, surtout devant les manifestations du chagrin qui se doivent d'être « *dignes et feutrées* ». Il faut se tenir sur le bord de la route avec ses larmes et laisser passer le convoi bruyant de la vie...

La société vous somme de réagir, il faut « *être homme* », savoir faire la part des choses. Et, surtout pour un homme, ne pas trop manifester ses sentiments. Il faut savoir gérer, n'est-ce pas ! Il faut vite, dit-on, trouver consolation, parce que « *tout doit continuer* », il ne faut surtout pas « *se laisser abattre...* » (par quoi ?) : « *une cellule meurt, d'autres aussitôt surgissent, on ne saurait arrêter le cours de la vie (quelle vie ?) qui continue ainsi qu'un long fleuve...* ».

Pour beaucoup, cette déchirure qui me parcourait tout le long, qui vrillait mes espaces et mes recoins intérieurs, ne serait bientôt qu'une histoire, une triste histoire, recouverte par les débris d'une actualité, ô combien plus brûlante ! Peuplée de faits divers tout aussi tragiques. Mais pour moi, elle était et restera irrémédiablement mon histoire, mon indépassable réalité, que j'aurai beau camoufler, habiller, déguiser. Alors que les autres auront laissé le quotidien s'amonceler sur le triste souvenir, qu'ils l'auront et, c'est bien normal, rangé au placard de leur mémoire, je continuerai peut-être moi aussi à faire semblant, mais mon histoire, ma merveilleuse histoire à moi, ce qui est désormais constitutif de ma personne, ce qui me tisse tout d'une pièce, se tiendra en embuscade, non visible à l'écran mais en veille, éternellement présente, désormais en filigrane.

Une réelle consolation doit faire place à la réalité de la douleur et au long et incertain travail de rééquilibrage et de réorganisation qui s'ensuit. Non, n'y touchez pas, ça fait trop mal, laissez-moi ma douleur, laissez-moi à ma douleur ! Seul avec elle, je tente de l'apprivoiser, de l'aider *à se tenir tranquille*, c'est de bonne guerre, nous connaissons nos périmètres, nos territoires respectifs, il faudra bien trouver un *modus vivendi*.

Ah cette chienne de vie ! Celle qui ne vous lâche plus, qui ne vous donne pas une chance de vous échapper, qui sait fort bien monter la garde et qui sait au besoin vous faire éprouver le cuisant de son mordant. Mais au fait, qu'est-ce qu'une vie de chien ? Même chez les chiens, tous n'ont pas forcément la vie misérable qu'indique cette exclamation péjorative.

En tous cas, s'il s'agit du chien de mon petit garçon, alors il s'agit d'une vie royalement canine ! Qu'est-ce qui trotte dans la tête d'un chien ? Pour mon petit bonhomme, les bêtes pensent, les chiens rient et tirent la langue. Ces animaux ont donc des sentiments comme les hommes et il n'est pas à un anthropomorphisme près.

Mais à les regarder faire ensemble, à voir leur connivence, la communication qui s'établit entre eux, on serait sur le point de dire à ce clebs « *parle et je te baptise* ». Cette chienne qui, à mon sens, n'a conquis que trop de place dans la maison, parce que si je n'y veillais, il y a belle lurette qu'elle dormirait sur le lit des gamins, ne doit la vie qu'à l'ardente plaidoirie des enfants. Ils l'appellent Rokxy mais moi je l'ai surnommée « *sauvée par grâce* ».

Nous revenions de la ville, il y a quelques années de cela, quand à une croisée, près d'un terrain vague, au bord de la route, apparut une portée de chiots abandonnés, la mère essayant vainement de les trimbaler à l'abri du passage des voitures. Les enfants tout excités voulurent s'arrêter pour leur donner le reste de leurs sandwichs. Le lendemain, passant à nouveau à cet endroit, ils y étaient encore. Les enfants me supplièrent alors de m'arrêter. Le même manège recommença. Il fallut attendre qu'ils leur eussent distribué quelque nourriture puis observé sous toutes les coutures. Finalement ce fut irrésistible, ils en prirent un et me supplièrent de leur permettre de l'emmener à la maison.

Leur mère et moi échangeâmes un regard entendu, car tous nos arguments tombaient à plat devant l'emballement des enfants, de surcroît leurs suffrages l'emportaient sur les nôtres.

Qui va s'en occuper ? Qui va ramasser les crottes ? Et si ce chiot était malade ? Bref, quand je considère la place princière qu'occupe cette chienne auprès des enfants, au point où si j'élève un peu la voix pour les réprimander, elle se met à gronder ; je me dis : *en voilà une qui ne manque pas d'aise et qui n'a pas eu de mal, contrairement à beaucoup de mes paroissiens, à comprendre la notion que l'on croit si compliquée, si sophistiquée et si théologiquement sibylline de salut par grâce ou de justification par la foi !*.

En effet, cette chienne s'était imposée dans l'espace familial, elle s'était adaptée et de chien perdu, de chien des rues, de chien sans collier, elle était intégrée, adoptée et jouissait, sans autre forme de procès, le plus naturellement du monde, de son statut de « *chien des enfants* ».

Si je n'y veillais, je me retrouverais rapidement au milieu d'une ménagerie. Celui-ci avec sa tourterelle, celui-là avec sa brebis qui vient de mettre bas, dans la nuit, deux charmants agneaux et ces demoiselles avec leur chat, le fameux César au port impérial. La présence d'animaux auprès de jeunes enfants est un facteur puisant d'équilibre. Celle-ci leur permet de devenir rapidement responsables : en leur donnant à manger, en nettoyant, en s'occupant d'eux, en communiquant et de libérer leur affectivité. Ils en font leur confident, à qui ils racontent leurs petits secrets, échappant ainsi à l'ennui, à la solitude et sont sécurisés par la compagnie d'un animal qui sait leur manifester, à coup de langue et en les fouettant de la queue, toute sa reconnaissance.

J'étais lucide quant à la gravité de mon état et j'étais prêt au départ. J'avais eu un colloque singulier avec la grande faucheuse. Je l'avais tutoyée, autant qu'il était possible, avec la tentation parfois de négocier, de m'attabler à ses côtés et de souper, serait-ce avec une longue, une très longue cuillère. Elle se faisait pressante et engageante. Ce serait plus commode, ne plus avoir à lutter, enfin pouvoir se reposer, j'attendais ce moment comme une délivrance.

J'étais déjà en route pour un autre horizon, entendant à peine les bruits de la terre et percevant à peine les signaux désespérés des miens, me demandant de surseoir, de demeurer encore un moment en leur compagnie. Je n'avais plus la force de ne pas décevoir tant de bonté et d'attention.

Qui était l'auteur des paroles de ce petit poème qui m'avait été adressé sur une carte de vœux, qui me défiait sur ma table de chevet ?

> « *Jusqu'à ce jour, sa bonne main*
> *T'a donné l'appui nécessaire ;*
> *Si l'avenir est incertain,*

Il sera toujours ta lumière ;
Ta nuit fera place à l'aurore,
Dieu t'accompagne encore.
Si ta nuit descend quelque fois,
La nuit pesante où l'âme pleure,
Reste tranquille, attends et crois,
Dieu mettra l'étoile à son heure. »
Anonyme

Pour l'instant, il m'était difficile de repérer un astre dans l'opacité de ma souffrance, une étoile à laquelle accrocher mon char.

Mon ami José raccrochait toujours le téléphone avec cette injonction : « tchembé rèd, pa moli. Sé moli ki rèd. » ! (tiens bon, accroche toi ! c'est l'abandon qui est terrible !)

L'amour de ma famille, la présence des miens à mes côtés fut le bien le plus précieux dont je jouis encore aujourd'hui. Je m'aperçus qu'ils mettaient en place une surveillance discrète autour de moi.

Connaissant mon caractère déterminé, ils n'étaient pas rassurés face à mes hésitations évidentes, mes difficultés à me raccrocher au flot de la vie. Mon corps n'allait pas bien, ma tête était en ébullition. Une flottille de pensées dérivait, traversait l'océan agité de ma raison et semblait vouloir entraîner avec elle le peu de lucidité que je tentais de sauvegarder, de tirer au sec comme on le fait précautionneusement d'un vieux canot, d'un vieux rafiot après avis de tempête.

Seigneur, suppliai-je : Tout peut s'en aller, tout peut fiche le camp mais pas ma tête, oh ma tête, ma tête ! Pendant que je pensais : « *Qu'est- ce qu'une embarcation qui aurait perdu ses flotteurs de stabilisation, voire son gouvernail ?* ». J'étais pris dans une danse équivoque, hallucinante, avec mes émotions, au plein cœur de la jungle de mon chagrin.

Schopenhauer n'avait-il pas raison, lui qui affirmait que c'est le vouloir vivre, cet aiguillon du désir qui nous tue ? Ne fallait-il pas renoncer à remonter la pente, à moins de s'échiner en vains efforts comme Sisyphe ? Pourquoi s'épuiser à vouloir retrouver les flots portants de la marée ?

Pourquoi se faire complice de la houle qui, dans le fracas et le ressac de la marée, vous amènerait tout près de la grève pour aussitôt vous replonger dans l'onde écumante, vous en éloignant encore davantage ? J'eusse tant souhaité que la course fût achevée...

Comme dans *Ben-Hur*, ce fameux péplum que mes enfants ne se lassent pas de revoir, alors que notre héros croit l'affrontement terminé parce que son adversaire, désarçonné est hors course, les jambes brisées, agonisant, c'est cependant celui-ci qui « *reprend la main* » en plaçant Ben-Hur sur d'autres *starting-block,* sur d'autres étriers, en le mettant d'emblée dans une autre course, cette fois, face à lui-même, face à la torture d'une souffrance insupportable, en lui révélant que sa mère et sa sœur, qui ont été séquestrées et qu'il veut délivrer, sont désormais lépreuses.

Alors qu'il pensait avoir gagné, c'était à cet instant même que commençait sa souffrance. Quelle fatigue en ce moment de penser, ne serait-ce qu'à l'incontournable nécessité de la lutte, voire à la manière exigeante, impérieuse qu'avait la vie, de vous remettre le pied à l'étrier.

Dans son désir et dans ses prétentions prométhéennes, l'homme veut avoir jusqu'au bout la maîtrise : maîtrise de sa souffrance, maîtrise de sa déchéance, maîtrise de l'itinéraire. Il veut interrompre quand il le souhaite cette traversée qui semble ne mener nulle part. Déjà qu'il n'est en rien décideur du début de l'histoire, qu'il n'a pas l'initiative de la traversée, ne serait-ce pas, de plus, une sorte de leurre, de croire qu'il pourrait décider d'y mettre un terme ? Peut-il avoir la connaissance absolue et certaine que c'est ce qu'il doit faire et que c'est le moment de le faire ?

Serait-ce le regard des autres, ce regard de pitié, quand il ne se fait pas voyeur, qui nous amène à nous sentir piteux, qui nous pousserait, par décence, à ne plus vouloir jouer les trouble-fête, à ne plus troubler davantage le breuvage et à tirer notre révérence ?

Est-il celui qu'il aurait aimé être ? A-t-il débarqué à l'heure qu'il avait prévue ? Oh, encore ce tourbillon de questions. N'est-il pas simplement « *né quelque part* » et simplement par « *hasard* » comme l'a chanté Maxime le Forestier ? Des questions tout aussi pernicieuses l'attendent sur l'autre rive, quelle que soit la façon dont l'homme s'accommode de sa vie de galère, quel que soit l'itinéraire qu'il emprunte pour effectuer la traversée… En quoi est-il le maître ?

À qui demander une dispense de penser ? Comment faire pour s'abstraire, pour se dérober à l'aveuglante lumière du projecteur qui fouille, en ce moment, les recoins de votre être, avec une acuité, une intensité existentielle. Je comprend que certains, à leur corps défendant, puissent acquiescer finalement afin d'être sauvés par le gong que sont les substances hallucinogènes et autres de la même veine.

La douleur a de ces ivresses qui ne vous laissent pas toujours majeur et capitaine, à tout le moins moussaillon. C'est souvent oublier que l'homme ne fait que coopérer mais qu'il n'est en rien le seul maître à bord. La vie, elle lui a été donnée, il est donc précédé, originé, en quelque part redevable. Aussi, malgré le dégoût de la vie, parce que les feux de la rampe se sont éteints, en dépit du fait que les flonflons de la fête se soient tus, malgré la souffrance dévorante et la réalité de la fin qui approchait sournoisement, je ne pouvais m'ériger en commandeur et devancer l'appel. Cependant je n'aurais rien fait non plus pour la retenir indûment, la vie n'ayant pas, selon moi, de valeur sacrée en elle-même. Elle n'est qu'une occasion qu'il faut savoir saisir, une mèche fuyante pendant au front du destin, une belle et extraordinaire occasion de se préparer avec humilité, courage et honnêteté à aborder la vraie Vie. En ce sens, elle n'est jamais inutile et personne ne devrait jamais en arriver à regretter, à cause du découragement, du manque de ressources, de l'adversité, d'être venu en ce monde. Ni fuite, ni résistance... mais rester tout simplement aux ordres de la vie.

Je n'avais pas envie de démissionner, de m'en remettre aux mécaniciens réparateurs, aux techniciens providentiels qui s'appliqueraient à remettre de l'ordre dans les ressorts usés et fragiles de ma pauvre tête comme il en aurait été de ma vieille machine à laver.

J'étais comme sur un manège enchanté. Sa course folle m'emportait. Ecœuré par les médicaments, écœuré par la vie. Mais j'avais promis à Colette, devant ses yeux clos, de lutter avec autant de courage et de foi qu'elle en avait manifesté parce qu'elle savait que cette escale redoutée n'était qu'une étape sur le chemin de notre destinée, de notre éternité.

Plusieurs personnes très touchées, se mirent à prier pour moi comme ils l'avaient fait pour Colette, je reçus de très nombreux messages de sympathie, aussi encourageant que ceux-ci :

Bien cher Daniel, Bien chers enfants,

Avec chagrin, nous réalisons d'un seul coup qu'une belle et jeune femme, au cœur noble et droit, ne sera plus de ce monde injuste... Quel immense chagrin ! Qui peut comprendre vraiment votre déchirement ?

Même l'Éternel est déchiré et toute la grande famille de ses enfants l'est aussi. Nous voudrions tant que votre fardeau soit moins dur à porter et que vous ne reteniez de tout ce combat que le sourire de Colette et tout ce qui vous procurait de la joie avec elle.

Nous prions pour vous Daniel et aussi pour vos chers enfants, ainsi que la famille de Colette. Nous prions pour que le ciel si sombre aujourd'hui, s'ouvre sur un rayon de soleil. Nous prions afin que votre foi et votre personne entière tienne bon malgré l'épreuve. Nous vous confions à l'Éternel, en ses Paroles puissantes, en son amour inaltérable, pour le long cheminement de chacun d'entre vous vers la paix du cœur et l'Espérance.

Avec toute notre sympathie et notre sincère émotion.

Famille R et A. C.

Cher Daniel

Je demande au Seigneur avec instance de vous manifester sa présence et de vous donner la force et le courage dont vous avez tous besoin.

Il n'y a rien à comprendre dans cette affaire. Comme Jérémie, au comble du malheur, nous ne pouvons qu'espérer en silence. Mais l'espérance est une ancre, « sûre et solide qui pénètre au-delà du voile auprès du trône de Dieu ». Les héros de la foi de l'épître aux hébreux, sont des héros de l'espérance.

Cher Daniel, sachez que je garde votre nom précieusement dans mon cœur et que, quoi qu'il arrive, j'espère bien vous embrasser un jour à nouveau dans le Royaume Éternel de Celui dont la parole est certaine.

Avec toute mon affection fraternelle ».

R. L

Le traitement éprouvant auquel j'étais soumis commença, avec l'aide de Dieu, à produire ses effets et alors je commençai à sortir lentement et péniblement du gouffre. Combien de temps cela va-t-il durer ? Je n'en sais rien, Dieu seul le sait. C'est cette incertitude qui me rend plus pressant ce besoin de témoigner, de dire des choses qu'autrement la pudeur et ma réserve naturelle m'interdiraient et me laissent à peine esquisser.

Tout comme la femme qui, ayant conquis son titre de mère, ne cache plus son sein gorgé de cette sève vivifiante qu'elle offre désormais à son enfant, au regard de tous qui l'approuvent et qui l'envient, dans son bonheur innocent et intense de pourvoyeuse de vie, j'avais l'impression d'avoir approché par cette longue et patiente souffrance à quelque chose de l'Universel.

Alors que s'étalent aujourd'hui tant de « *mésamours* », de « *désamours* », de divorces, d'enfants volés de leur bonheur, alors que beaucoup parmi ceux qui, comme moi, souffrent d'être atteints dans leurs espoirs, dans leur chair et désespèrent, mes premières énergies retrouvées ont été pour dire que : « *L'amour, si on s'en donne la peine, est possible, s'il est possible et qu'il existe, Dieu existe et notre rédemption aussi* ».

J'avais fait le deuil de tout, j'étais prêt… Je savais que « *sur le seuil de sa maison* », au jour fixé par lui, au dernier Jour, le Seigneur m'attendrait. Maintenant, apparemment, le Souverain maître de la vie me demandait de patienter sur le quai de la gare (de faire le deuil du deuil). Le chemin qui y a conduit fut passionnant quoique comportant quelques fatigues. Pour l'instant, je garde ma valise à la main, prêt à toute éventualité afin de parvenir un jour à destination.

Chapitre XI

Si d'aventure tes pas empruntaient notre chemin

Dernièrement, j'eus une longue discussion avec un ami qui ne comprenait pas *comment les choses avaient tourné pour nous* et qui me questionnait, pour savoir : *comment nous avions pu faire face dans notre vie, Colette et moi à une telle tourmente.*

Ce qui nous a permis de tenir bon durant ces années, Colette et moi, ce qui me permet de garder foi et raison, bien que ballotté comme un bouchon de liège à la surface de l'eau, « *c'est que nous savions* » lui répondis-je, « *oui, nous savions* ».

Sénèque disait : « *il n'est pas de vent favorable pour celui qui ne sait où il va* ».

Pour ma part, je sais qu'il y a un Dieu bon qui existe, qui a tout créé parfait. Je sais que le mal est un mystère qui se manifeste par la guerre, la maladie, le racisme, la pauvreté, les exploitations, les aberrations de toutes sortes puis, par la mort qui apparemment semble l'emporter. Nous savions d'où nous venait notre mal. Je sais également que Dieu n'est pas l'auteur du mal. Il n'a jamais rien voulu de tout ce qui nous est arrivé.

– « *C'est une belle théodicée comme vous dites, vous les théologiens ! Mais s'Il n'est pas, comme tu le laisses entendre, coupable, à ton avis, ne serait-il pas quelque part responsable ?* »

– « *Décidément, cette petite phrase est bel et bien entrée dans l'histoire ! Ce que nous apprend l'Écriture, c'est que dans sa bonté, Dieu a créé l'homme libre de se déterminer soit pour le bien, soit pour le mal. Il voulait que ce soit un élan de reconnaissance de la part de l'homme qui réponde à la gratuité de son amour.*

Dis-moi : Quand ta femme te dit : 'je t'aime', tu préfères qu'elle te le dise parce qu'elle pense à ton compte en banque, à ta bagnole, où parce que ça lui sort du cœur ? Ce n'est pas difficile d'envisager la réponse, n'est-ce pas ? En ce qui concerne les rapports entre Dieu et nous, il en va de même. C'est ce qu'avait bien vu Charles Péguy dans Prières : 'Quand on a connu d'être aimé par des hommes libres, les prosternements d'esclaves ne vous disent plus rien...'

Plutôt que le coupable, Dieu serait davantage la victime la plus à plaindre de l'ingratitude de sa créature, qui ne l'a pas aimé et ne lui a pas fait confiance au point de choisir le bien, de choisir l'obéissance, alors qu'il avait tout prévu pour que l'homme ne connaisse jamais la souffrance, la maladie et la mort ».

– « *Il pourrait quand même intervenir pour éviter tout ce gâchis, parce que, pendant ce temps, qu'est-ce qu'il y en a qui en bavent !* »

– « *C'est certain, toutes ces catastrophes, ces deuils à travers le monde et l'histoire nous révoltent.*

J'étais étudiant quand, à l'occasion des vacances, je rendis visite à ma tante qui résidait à Paris. Il y avait chez elle un petit garçon de cinq ans complètement chauve en train de jouer avec ses légos.

Encore aujourd'hui, je suis rempli de tristesse en me rappelant que je jouais avec lui pour lui tenir compagnie et que j'étais sans le savoir en train de meubler ses derniers moments de bonheur. J'allais lui rendre visite à l'hôpital où on lui administrait des rayons et une chimiothérapie intensive. Mais il fut malheureusement emporté par la leucémie.

En 1992, quelques mois après mon retour ici, j'appris la terrible nouvelle que mon ami, mon condisciple Pedro, à peine rentré chez lui, en Angola, avait sauté sur une mine, laissant dans la douleur son épouse et quatre orphelins.

Tu te rappelles le Bœing de la TWA ? Il y avait à bord un jeune couple qui revenait des États-Unis, tout au bonheur de ses vingt ans, rentrant pour célébrer leur mariage en famille. L'avion a disparu des écrans de contrôle... sonnerie de téléphone en pleine nuit chez les parents... Disparus... et avec tant d'autres !

Ou encore cet ami qui dut trouver le courage de cheminer péniblement, le même jour, derrière les bières de son père et de sa mère, les accompagnant à leur lieu de repos...

Ce mal nous choque encore et nous laisse démunis, lorsque sous les frappes de l'OTAN qui par erreur s'en prend à ceux qu'elle est censée défendre et protéger, des innocents perdent tragiquement la vie. En cette fin de siècle, ce conflit au cœur de l'Europe nous pousse à beaucoup plus d'humilité : il n'y a pas de parade absolue à la dictature, à la déraison, à la folie meurtrière, aux menées de ceux pour qui l'autre n'est plus respecté, en tant qu'autre. Malgré ses moyens techniques, l'homme forcé qu'il est de réguler la violence pour survivre et imposer un minimum de rationalité, utilisant la force comme nécessité ultime, à défaut d'y mettre un terme, ne peut que tenter de donner l'illusion d'une guerre propre et juste. »

– « *Tout cela semble tellement absurde !* »

– « *C'est vrai, c'est peut-être long à expliquer mais imagine deux boxeurs qui revendiquent chacun le même titre. Ce n'est qu'après que le combat ait eu lieu, que tu peux en levant le bras du vainqueur, dire lequel des deux est le plus fort. Ne penses-tu pas que si tu interviens avant la fin de la confrontation, tu va frustrer ton monde et créer le doute et la suspicion quant au verdict final ?*

Cependant, malgré l'apparente confusion, Dieu, lui, demeure au contrôle et il mettra fin à cette expérience malheureuse et douloureuse. C'est pourquoi, nous adhérons au Credo chrétien :

'Nous croyons qu'il reviendra un jour pour juger les vivants et les morts' parce qu'il a donné la preuve de sa puissance 'en ressuscitant son fils d'entre les morts'.

Toi qui aimes la peinture, te souviens-tu des fameux tableaux de Rembrandt sur le thème des Pèlerins d'Emmaüs ? »

– « *Rien à dire, c'est superbe et d'une inspiration !* »

– « *Eh bien, sans cette croyance fondamentale en la résurrection, il n'y a pas de christianisme, il n'y a pas d'espoir. Les premiers chrétiens, du reste, ont donné leur vie, ont propagé ce message parce qu'ils étaient dynamisés par cette conviction, par ce qui, pour eux, était une réalité puisqu'ils avaient vu le Ressuscité. Il savaient donc ils croyaient.*

Nous croyons que les morts dorment. Ils ne réalisent aucune migration, ils ne sont victimes d'aucune 'délocalisation', ils sont où nous les plaçons et retournent à la poussière. Ils sont où ils se placent eux-mêmes par la façon dont ils mènent leur vie. Ils sont et demeurent, c'est là notre croyance biblique, dans le 'souvenir de Dieu', ceux qui partent dans l'espérance. Nulle angoisse ne doit nous saisir. S'ils ont vécu dans la foi, nos bien-aimés ressusciteront, se réveilleront ».

– « *Ouais ! mais entre-temps... même pour celui qui veut bien croire, c'est pas très évident !* »

– « *Entre-temps, pour nous les vivants, subsiste l'attente de l'au- revoir. Il y a seulement la douleur de la séparation à apprivoiser, à endurer, la lourde et pénible parenthèse à vivre. Il s'agit, pour ceux qui restent, de trouver la consolation par un travail d'approfondissement de la foi, ce qui nous éloigne du précipice du doute, du pessimisme et de l'anéantissement. Travail long et patient, avec des avancées et des reculs, mais qui doit déboucher sur la sérénité, la confiance en Dieu.*

En fait, face à la douleur de ce monde, comme je te le signalais, 'la première victime, celui qui souffre le plus, c'est Dieu lui-même...' Tu ne sembles pas me suivre totalement, comme disent les gamins maintenant, tu 'n'imprimes pas très bien' ! »

– « *C'est que... c'est pas très évident pour moi...* »

– « *C'est simple, c'est la stratégie de la prise d'otage ! La première fois où cette ignoble méthode fut employée, ce fut quand Lucifer, devenu le diable du fait de sa perfide rébellion, ne pouvant s'attaquer directement à Dieu, car le mal n'est pas plus fort que le bien, s'est acharné à faire souffrir les êtres humains pour lesquels, par amour, Dieu était prêt à donner sa vie, ce qu'il a fait du reste en Jésus. Il n'y a pas de plus grande souffrance pour Dieu que lorsqu'on empêche sa créature qu'il aime de se tourner vers lui. Parce qu'alors, on l'accable de tous les torts, on méconnaît son vrai visage, son vrai caractère et son offre aimante de salut* ».

– « *Tout ça, c'est pas un discours anti-stress, un peu comme la méthode Coué ? Tu sais, je suis toujours suspicieux quand la musique est trop belle !* »

– « *Et voilà, pourquoi faire compliqué, quand on peut faire simple ? Tu me permettras cependant d'ajouter que l'on vit en permanence entre deux mondes tout aussi réels l'un que l'autre : le monde physique, appréhendé par la raison objective ou opératoire et le monde métaphysique, approché par la raison subjective. Nous évoluons plus fréquemment au sein des réalités et des vérités dites objectives. La robe de la fille qui passe devant nous est rouge, nous sommes tous les deux à le constater. Lorsque des automobilistes s'arrêtent pile au feu rouge, c'est qu'ils sont au moins d'accord sur la couleur du signal, à moins qu'il y en ait un qui soit daltonien et cela peut avoir de graves conséquences... Mais il existe d'autres réalités, d'autres vérités qui sont, celles-là, subjectives. Si tu as mal aux dents, toi seul peux savoir quel est le degré de ta souffrance. Et ce serait de l'outrecuidance pour moi qui ne souffrirais pas de te dire : 'Tu es un menteur, un simulateur' !. C'est pourquoi, parfois, devant l'incompréhension des autres, on utilise cette maxime : 'la douleur des autres n'est qu'un songe'. De même que si je te parlais de tout le bonheur que j'ai vécu avec Colette et de toute la joie qu'il me procure encore aujourd'hui, tu ne pourrais qu'essayer de comprendre par analogie avec quelque chose que tu as toi-même vécu. Il en est de même pour la réalité de la foi. Celle-ci n'est pas une simple sublimation de la douleur, un placebo ou un euphorisant. Vu la situation, vu l'urgence, ce n'est pas le moment de se leurrer en appliquant un cautère sur une jambe de bois. C'est une réalité pour le croyant, dont il bénéficie dès maintenant. Il en touche, dès à présent, les arrhes en attendant le bénéfice.*

Je conçois fort bien que dans notre monde matérialiste, il soit de plus en plus difficile, pour certains, de saisir le sens spirituel des choses. Il est évident que cette civilisation technique a depuis longtemps dépeuplé le ciel de ses habitants tels les anges, les séraphins et même son hôte suprême, Dieu. On ne croit que ce que l'on peut toucher, manipuler, scanner…

Parler du ciel, ça fait rencontre du troisième type ! Bientôt serons-nous même capables, bientôt, de parler d'amour ? Il faudra peut-être se rendre dans un musée et s'attarder d'un air curieux auprès de quelques éprouvettes, auprès de quelques clones survivants…

On s'émeut beaucoup (l'homme regardant 'ce qui frappe les yeux') des handicaps physiques qui produisent parfois la répulsion, la sidération ou l'exclusion, dont certaines personnes sont porteuses et ceci dès la naissance, particulièrement quand cet état est lié à une rare sensibilité et une grande virtuosité, comme c'était le cas du célèbre pianiste de jazz, Michel Petrucciani.

Mais on s'attarde beaucoup moins sur les handicaps moraux et spirituels dont sont affligés, à leurs dépends, certains individus qui, malheureusement, ont des difficultés, une inaptitude handicapante, rédhibitoire, à aimer ou à s'orienter vers les choses spirituelles. Et notre société il faut le reconnaître, trop orientée vers le monde de l'apparence, glissant à la surface des choses, n'y aide guère.

Il est des réalités, à la limite de l'indicible, que seule une descente en profondeur, que seule l'expérience, permet d'approcher, mais quand on a eu le privilège de les vivre, on ne peut plus douter de leur existence, de leur vérité.

À quoi cela sert-il de disserter sur la tendresse d'une caresse, sur l'émoi produit par un regard gorgé d'amour, sur l'étonnante quiétude ressentie en présence de Dieu dans la prière, même au sein de la souffrance la plus atroce ? »

– « *Pour beaucoup, ce dont nous causons, en cet instant, n'est que chimère, lubie, discours archaïque et rétrograde, voire ringard, peut-être bon en tant que gymnastique intellectuelle, mais inopérant face aux problèmes concrets et quotidiens de l'homme de maintenant ! Ce que l'on exige aujourd'hui : c'est de l'action et de l'efficacité !* »

– « *Je veux bien ! Alors que l'on me propose autre chose qui tienne la route, qui satisfasse la raison et qui apporte une espérance, un semblant de solution ! Pour bien agir et agir efficacement, il me semble qu'il faut commencer par bien penser, par poser les bonnes questions... ainsi on sera sûr de gratter où cela démange !*

Un rapide tour d'horizon nous renseigne : la science, ses retombées catastrophiques sont encore plus inquiétantes que ses inventions et que ses promesses mirobolantes. La médecine, souvent elle a des malaises. Elle ne sait même pas ce qu'est la mort, à plus forte raison ce qu'est la vie.

Tu as déjà vu le libellé officiel d'un avis de décès ? »

– « *Non, pourquoi ?* »

– « *La médecine essaie de cerner la mort en tant que phénomène, de l'envisager à partir de signes : mort apparente, encéphalogramme plat, traces perdues de vibrations de vie, etc., alors le constat médical signale laconiquement : 'L'état de décès paraît réel et constant'. C'est prudent mais sommaire…*

Quant à l'économie ? Elle balbutie, bégaie. Les fiascos, les crises monétaires ne sont pas pour demain, on les vit aujourd'hui.

La politique ? Malgré la bonne volonté de certains, les élus se retrouvent impuissants à juguler les crises et les scandales.

Parlons-en, tiens, de politique :

Je ne suis pas un pur idéaliste. Mai 68 a montré les limites d'une revendication extrême de la liberté (Il est interdit d'interdire). Les fruits, maintenant récoltés, laissent songeurs. Le résultat d'une telle exagération est l'asservissement. Ceux qui ont été poussés au jouir tous azimuts en ces années-là, se rendent compte aujourd'hui qu'un peu de morale, appelons cela pudiquement instruction civique ou éducation citoyenne, etc., ou que revisiter la notion d'interdit, serait peut-être salutaire… Bref, que l'on soit clérical ou laïc, là n'est pas la question, il me semble que l'on peut trouver à se mettre d'accord pour convoquer de nouveau les normes, les repères indispensables. Notre époque, pour des raisons pas toujours très claires et à son corps défendant, y revient bon gré mal gré et elle est, en réalité, moins libérale et libérée qu'elle ne le clame. La crucifixion récente du président Clinton par les médias en est une des manifestations les plus extravagantes. Notre époque a compris et l'épidémie qui la taraude, qui la menace actuellement, l'a mise en garde : on ne peut pas vivre en paix parfaite et béate avec la meute haletante, la horde sauvage de ses plaisirs et de ses désirs.

Notre société, qui a rêvé d'être libertaire, est plus que jamais sécuritaire. Elle va même au-delà de ce mouvement de balancier puisque l'on peut se demander si elle n'est pas dans une situation pire encore ; dans l'ambiguïté, la névrose de vouloir tout à la fois la liberté et la répression ? (en même temps que l'on veut encore vivre du slogan soixante-huitard « jouissez sans entrave ! » on est prêt à adopter des lois favorables à la castration chimique des récidivistes). Alors que nous avions expatrié toute morale, tout gardien des frontières, entre le licite et l'illicite, nous voici en train de conjurer le code pénal, de nous venger du social, de jouer les arbitres.

Donc je ne suis pas un pur idéaliste, mais je ne puis non plus me résoudre à adopter un pragmatisme pur et dur, voire un simple utilitarisme. Je ne puis consentir à voir les valeurs, le sens, se diluer, s'engluer dans cette nouvelle civilisation du tout économique, du tout productivisme et de la prévalence de l'argent et de l'impérialisme du seul bon plaisir.

C'est cette culture qui bâillonne les consciences, qui érode et qui va parfois jusqu'à cautériser la pensée, qui ne laisse de place que pour la pensée unique, celle du désormais « politiquement correct », la nouvelle doxa. Ce genre de nouveau totalitarisme intellectuel, culturel et économique est le berceau où peuvent éclore des faits aussi impensables que révoltants pour une démocratie que le scandale du sang contaminé. Des centaines de vies brisées, des corps torturés par la souffrance, des bonheurs disloqués, non par accident, mais sacrifiés sur l'autel néo-païen, aux molochs du profit, du rendement, de la rentabilité et de la fierté nationale ; il fallait à tout prix que le test fût un brevet français...

Il me semble que c'est Renan qui disait : 'la chose qui me convainc de l'existence de Dieu c'est la connerie humaine, car ainsi on a enfin une idée de l'infini !'.

Quand sous la pression du scandale, ne pouvant plus se dérober à la vérité révélée par les victimes employant leurs dernières énergies à faire la preuve de leur préjudice en s'épuisant à monter des dossiers et à saisir les autorités, alors on leur allongea une forme 'd'indemnisation', qui ne fit que rendre la douleur plus amère, car rien ne pourrait leur faire oublier leur vie fichue et encore moins l'être cher qui leur avait été ravi. À l'époque de l'Israël biblique, le viol ou l'adultère n'avait qu'un prix, qu'une sanction : la mort du coupable. La victime pouvait l'exiger. La portée pédagogique de cette sentence était qu'il y a des crimes dont les victimes ne peuvent être indemnisées.

La souffrance de milliers de victimes est lestement et prestement rangée à l'article « des pertes et profits » : l'être humain contre une belle rangée de statistiques. Puis chacun se dégage d'une formule lapidaire : « responsable mais pas coupable ».

Il faudrait que, dans ce domaine comme dans d'autres, les politiques, s'ils veulent retrouver quelque crédibilité, prennent des mesures radicales et sans ambiguïté, qui fassent disparaître certains flous, certains flottements administratifs bien accommodants où se diluent les responsabilités quand cela arrange les intérêts de certains lobbies et le sacro-saint « intérêt national », pour que personne ne soit tenté, à l'avenir, d'en tirer parti, ne serait-ce qu'à son corps défendant.

La justice, celle des hommes, s'en occupe, elle tente de démêler l'écheveau des responsabilités, relaxant par-ci, chargeant symboliquement par-là, mais chacun, un jour, qu'il soit pour l'instant amnésique où amnistié, devra se retrouver face à sa conscience et ce qui est plus risqué face au Tribunal divin.

Tout a été dit sur cette maladie ou presque tout. L'abord de la question est moins traumatisant aujourd'hui ; on ose en parler, ce qui ne veut pas dire qu'elle soit acceptée socialement. Il y a beaucoup à faire dans ce domaine. Chaque malade, chaque décès est comme une butée sur laquelle viendra toujours échouer tout discours rationalisant, toute approche statisticienne. La victime échappe aux statistiques, sa douleur singulière transcende les stratégies prophylactiques, les langues de bois ou les discours trop réalistes qui prétendent mieux dire la chose. Ce n'est pas parce que l'on est devant la chose, les yeux écarquillés, que l'on voit forcément ce que l'on doit voir... La réalité, c'est cette douleur qui explose devant le mal, devant la souffrance, devant l'aberration démultipliée par l'injustice et devant ce calcul froid et criminel qui donne la mort même si l'intention, dit-on, n'y était pas ».

– « Tu ne vas quand même pas, au nom d'une soi-disant croyance ('vérité subjective' comme tu le dis si bien), cracher sur tout cela, il y a quand même du bon dans ce monde tel qu'il est,

même s'il n'est pas ce qu'il devrait être, tout n'est quand même pas si sombre ! »

– « *Tu as tout à fait raison, toutes ces entrées, toutes ces voies, toutes ces possibilités extraordinaires, dont je viens de montrer les limites, il faut les exploiter au maximum, mais pour le bien de l'humanité. Si on est capable d'écoper, c'est toujours ça de gagné pour le navire ; mais ce que l'on souhaiterait, en fait, c'est colmater la voie d'eau et sauver le bâtiment.*

La maladie, la guerre, la pauvreté, le racisme, l'exclusion, le chômage, la prostitution, le sida, la torture, l'esclavage, les génocides, les purifications ethniques, etc., (la liste est loin d'être exhaustive), sont des maux contre lesquels il faut lutter de toute urgence et de toutes ses forces mais avec lucidité ».

- « *Tu dis bien lutter de toute urgence !* »

– *Comprends-tu mieux maintenant pourquoi je dis que : 'je suis un idéaliste réaliste'* ?

Si tu changes un oiseau de cage, si tu le places dans une cage en verre où dorée, n'en sera-t-il pas moins en cage ?

Faisons la révolution ce soir, convoquons le Grand soir où toutes les richesses seront redistribuées à tous également, allons nous coucher et attendons le réveil... L'aube se lèvera déjà sur des inégalités criantes.

'Lupus homini est' et l'inverse, paraît-il, est encore plus vrai !

Ce n'est pas la cage qu'il faut changer, c'est l'homme qu'il faut libérer du mal qui le ronge. Mal qu'en théologie on appelle 'péché' et qu'ailleurs, on nomme distorsion, dérégulation pauvreté, déséquilibre Nord-Sud, etc. Malheureusement, ce mal n'est pas seulement dans l'environnement de l'homme, il le pollue de l'intérieur. Le vers est au cœur de la papaye !

En disant cela, je te rappelle que je ne me réfugie nullement dans la résignation. La foi authentique est capable de dénoncer, d'être infidèle et de s'opposer au trop commode 'va de soi', au politiquement, au religieusement, au socialement, etc., corrects. Nous ne devons verser aucune dîme à l'esprit de défaite. La foi est capable de faire des propositions pour la réorientation de ce monde. Il n'y a pas de fatalité, mais toute action doit cependant être empreinte d'humilité, parce qu'au-delà de mon agir, toujours à reprendre, à continuer, à réévaluer, à améliorer, il y a l'Espérance bientôt réalisée.

Je ne vois donc pas pourquoi je serais plus enclin à adopter des propositions issues du scepticisme, qui ne semblent pas régler grand chose, en tout cas pas toutes choses et qui réclament encore plus d'utopie.

Or, contrairement à ce que postulait ce nihiliste de Schopenhauer, ce n'est pas le vouloir vivre qu'il faut éteindre en l'homme (puisque vouloir éteindre le 'vouloir vivre' en l'homme, c'est encore une manifestation du 'vouloir vivre', bien sûr autrement !), c'est la mort qui le gangrène et qui est l'expression du mal suprême ; et cela seul l'Auteur de la vie, Celui qui est vie peut le faire, comme Il l'a promis.

– « *Ouais... je vois que tu as la foi* ! »

– « *Qu'est-ce que tu racontes, je n'ai rien du tout, je ne possède rien* ».

– « *D'accord mais pour tenir comme vous l'avez fait !* »

– « *On n'avait rien au départ... tu sais ! Ce sont des années de souffrance, d'interrogations, de luttes qui t'amènent à l'essentiel et puis le bon Dieu. Quand tu ne comprends plus rien, quand tu es sur le point de perdre la raison, sur le point de faire des choses que tu regretterais plus tard... c'est lui qui t'envoie la grâce, celle de croire. Et à ce moment, la foi te permet de comprendre... Les choses deviennent un peu plus lisibles, un peu plus intelligibles. Et puis, il y a plein de gens qui prient pour toi, parfois tu ne le sais même pas.*

D'autre part, cette douleur n'est jamais la tienne, c'est d'abord celle de Dieu, notre père qui vient t'aider à la porter.

Nous croyons avoir à faire à un Dieu qui s'est manifesté en Jésus-Christ, qui est l'Emmanuel, celui qui est avec nous, qui chemine avec toute souffrance car il a vécu lui-même la souffrance et la mort, il peut donc « compatir » avec nous.

Mieux, il revit sans cesse cette souffrance avec les siens, les accompagnant pas à pas et tous les jours de leur titanesque combat.

Colette et moi, avons eu la conviction que chaque fois que nous lui avons confié nos problèmes, il est intervenu. Et même quand cela se solde parfois autrement que nous ne le souhaitons de notre point de vue humain et que nos 'pourquoi' sont apparemment sans écho même après d'instantes prières et impositions des mains, nous en souffrons parce que nous ne comprenons pas les apparents silences de Dieu.

Comme l'exprimait le message de sympathie que j'ai reçu d'un de mes professeurs et qui me projette chaque jour dans la bienheureuse espérance :

> "Il n'y a rien à comprendre dans cette affaire. Comme Jérémie, au comble du malheur, nous ne pouvons qu'espérer en silence. Mais l'espérance est une ancre, 'sûre et solide qui pénètre au-delà du voile auprès du trône de Dieu'. Les héros de la foi de l'épître aux Hébreux, sont des héros de l'espérance".

Un autre de mes maîtres me rappelait, il y a peu, que « notre Dieu garde en son cœur λε εσω ανθροπος *de Colette jusqu'au jour où il croira bon de la recréer, avec nous, à son image ».*

Et puis, si nous avions la réponse à tous nos 'pourquoi', la foi serait inutile. On ne peut pas non plus réduire Dieu à n'être qu'un distributeur automatique de bénédictions... ou le réduire au rang d'accessoire ou de simple gadget. Nous-mêmes, en tant que parents, nous n'aimons pas être réduits à n'être que de simples tirelires, de simples bailleurs de fonds.

À travers les brumes de la souffrance, il demeure près de nous et il traverse avec nous, nous accompagnant dans 'la vallée de l'ombre de la mort' et lorsque vient la dernière, l'ultime confrontation, nous nous rappelons avec soulagement et reconnaissance que nous ne subirons pas les affres du pionnier, de l'aventurier, car il nous a déjà devancé dans la mort dont il a été vainqueur et dont il nous fera triompher à notre tour. Nous ne sommes donc jamais tout seuls ».

– « *De toute façon c'est toujours plus facile quand on a la foi* ! »

– « *Détrompe-toi, c'est un exercice périlleux, qui se révélerait mortel sans les filets de l'amour divin. Ce n'est pas un oreiller de paresse qui supprime toutes les contradictions. Que fais-tu du doute ? Il faut parfois douter du doute pour revenir à la foi… Les croyants ne sont pas de doux rêveurs, des gens qui se réfugient dans leur nirvana, des gens qui se la 'coulent douce', des 'planqués', des gens qui cherchent un vaccin qui les dispense de penser. Croire n'est pas une névrose, mais c'est un acte qui sollicite une pleine santé, celle des travailleurs de force, celle des travailleurs de la foi. Cela se travaille la foi, parce qu'on peut la perdre…* »

Nous nous séparâmes d'un air entendu, il alla vers sa voiture. Il était temps pour moi de rentrer, je devais aider les enfants à préparer le souper et jeter un regard sur leurs cahiers. Leur équilibre et leur joie de vivre est pour moi la preuve de la grâce de Dieu dans l'épreuve. Quand ils jouent de leurs instruments, cela me rappelle la douceur, la joie de vivre et la sérénité de leur mère.

Épilogue

Si j'ai confié à ces pages quelques aspects de ces belles années de luttes, un peu de ma vie, il est vrai que c'est à des fins thérapeutiques. On dit qu'écrire soulage, alors j'ai essayé. C'est afin de tenter de tenir les rênes de ma douleur, mais au-delà, c'est pour que « *Si d'aventure...* », toi qui as ouvert ce livre, tu passais par un chemin ressemblant au nôtre, tu prennes courage.

Par moment, je me dis : *Tu en fais trop, on ne va pas te croire, cela frise l'hagiographie, tant de bonheur pour toi tout seul ?* Et pourtant la preuve que je ne rêve pas, que je ne romance pas, c'est que ma fille m'a dit pas plus tard qu'hier : « *Tu sais, quand il t'arrivait de voyager et que tu n'étais pas là, maman, elle nous disait : "Quand est-ce qu'il rentre mon mari chéri, votre 'petit père'. Je n'aurais jamais cru trouver un mari comme lui !". Je crois qu'elle t'adorait !* ».

« *Doucement* », lui dis-je en lui pinçant la joue, « *On n'adore pas les gens, on les aime très fort !* ».

Souvent mon cœur frémit quand j'aperçois chez l'un ou l'autre de mes enfants, mes trésors, des expressions, des mimiques qui, à leur insu, comme un précieux et malicieux clin d'œil, me rappellent tant celle que je reverrai bientôt.

Le bénéfice de la vente de cet ouvrage ira à deux associations qui œuvrent pour lutter aux côtés d'enfants abandonnés, démunis et sans espoir face à la maladie. Ce n'est qu'une goutte d'eau dans cet océan de souffrance, cependant ce sont les ruisseaux qui forment les rivières... Voici leurs coordonnées:

1. **L'APPEL** a depuis huit ans une action

a) au Cameroun : formation de 150 jeunes animateurs à Douala et dans cinq provinces de l'ouest pour la prévention auprès de groupes de jeunes et de femmes.

b) au Congo-Brazzaville :

- éducation des jeunes scolarisés à Brazzaville et Pointe-Noire à la prévention du Sida de 1993 à 1995,

- même action en 1998-1999 dans les villages de la province maritime du Kouilou,

- à partir de 1998, et pour une durée de trois ans, dépistage du VIH chez les enfants hospitalisés en pédiatrie dans l'hôpital A. Sicé de Pointe-Noire (Soit 100% des 7000 hospitalisations annuelles), traitement de ces enfants et prise en charge psycho-sociale de ces familles.

Il s'agit d'un projet novateur dans la mesure où aujourd'hui le dépistage est rarement fait, à cause de son coût, et où les parents ne sont généralement pas informés du diagnostic.

La révélation du diagnostique interroge le statut sérologique des parents et des autres enfants. Il s'agit donc d'une action globale où la prise en charge joue un rôle important.

À côté de ce projet médical il y a la poursuite à Pointe-Noire du parrainage d'enfants orphelins, de plus en plus nombreux avec le développement de l'infection à VIH dont la séro-prévalence à Pointe-Noire dépasse 10%.

c) L'APPEL a des activités concernant le sida et les jeunes à Haïti et soutien à Port au Prince, le Centre d'Éducation Populaire (CEP).

Association titulaire d'un compte à la fondation de France n°60/022

89, avenue de Flandre 75019 PARIS - Tél. : 01.42.02.77.78 - Fax : 01.40.36.57.10 - CCP 12170-57 P Paris. Association 1901 sous le patronage des mouvements familiaux.

2. NEW LIFE Home

P. O. Box. 25076

Nairobi - Kenya

Tel. 2 - 580553

Association reconnue par le gouvernement du Kenya

New LIFE Trust - Registered Trustees - PS N° 758/1

Ministry of Home Affairs and National Heritage - Children's Home - Reg N° 2/96

Ministry of Health - Reg. N° MPD/0897

Vu l'expansion de la maladie en Afrique et particulièrement dans l'Est, cette association vient apporter sa contribution à la lutte particulièrement en faveur des nouveau-nés qui sont souvent sans soins.

Cela est dû au manque d'équipements et au manque d'intérêt à l'égard d'enfants qui sont considérés comme perdus puisque leur mère est soit séro-positive soit malade.

New LIFE Home n'est pas un simple hospice pour enfants moribonds mais c'est la possibilité de donner une « nouvelle vie » à de nombreux enfants, notamment ceux qui ont entre 0 et six mois, dont on ne s'occupe pas parce qu'ils coûtent trop cher. En fait avec des soins, une nourriture enrichie en protéine et de l'affection, New Home LIFE est parvenu à des scores de 90% de récupération. Ces bébés sont ensuite proposés à des familles d'accueil ou à l'adoption. De nombreuses vies sont ainsi sauvées.

MISE EN PAGES FOURNIE

Achevé d'imprimer par Corlet, Imprimeur, S.A. - 14110 Condé-sur-Noireau (France)
N° d'Imprimeur : 49599 - Dépôt légal : septembre 2000 - *Imprimé en U.E*